UN GRAND WEEK-END

LISBONNE

LISBONNE

Aussi dépaysante qu'attachante, la capitale lusitanienne a le vent en poupe ! Ouverture de musées et de concept stores, métamorphose des docks en lieux hype, street art de haute volée, expériences gastronomiques... Lisboa est plus créativ que jamais! Mais la plus belle des villes portugaises n'en est pas moins une cité millénaire au romantisme débordant ! Pour la découvrir, empruntez ascenseurs et funiculaires (ah, les sept collines de Lisbonne !), gravissez d'interminables escaliers, grimpez au hasard dans un tram vintage et laissez vous happer par son incomparable douceur de vivre et la beauté intacte de ses vieux *bairros* colorés...

L'ÉQUIPE UN GRAND WEEK-END

Lorsqu'elle n'est pas sur scène, Natasha Penot, notre auteur, arpente les rues des plus grandes villes pour la collection Un Grand Week-end. De Lisbonne, elle nous livre ses coups de cœur, entre balades en *ascensor* et siestes sur les *miradouros*, *pastéis de nata* et *tasca* populaire, palais de Sintra et boutiques branchées du Príncipe Real...

Patrice Hauser est photographe, journaliste et cameraman passionné, il collabore avec de nombreux titres de la presse grand public, des maisons de production et d'édition. À Lisbonne, il a adoré saisir des scènes de la vie quotidienne dans la Mouraria et l'Alfama, être en contact avec les habitants. C'est l'une de ses villes préférées en Europe, tant pour son art de vivre que pour son patrimoine architectural.

Un Grand Week-end sur les réseaux sociaux

Retrouvez-nous sur Facebook, Twitter et Instagram @Ungrandweekend ! Nous partageons au fil des jours nos photos coups de cœur, les événements à ne pas manquer, les trucs et astuces qu'il faut connaître, et surtout nous répondons à toutes vos questions.

Avec Un Grand Week-end, vous ne voyagerez plus jamais seul...

www.facebook.com/guidesUnGrandWeekend

2017 Les expos À NE PAS MANQUER

OCEANÁRIO

➥ Forêts subaquatiques de Takashi Amano

Un bac de 40 m de long, 160 000 litres d'eau, 4 tonnes de sable, 25 tonnes de roches volcaniques des Açores, 78 troncs d'arbres d'Écosse et de Malaisie, 10 000 poissons tropicaux et 70 000 plantes aquatiques : le plus grand aquarium naturel du monde, réalisé par Takashi Amano, déroule une forêt tropicale sur fond de quatuor à cordes. Un beau moment de contemplation !

Jusqu'au printemps 2017.
Infos pratiques p. 103.

MUSEU NACIONAL DE ARTE CONTEMPORÂNEA DO CHIADO (MNAC)

➥ Mouvements d'avant-garde et néo-avant-garde dans l'art portugais

Si vous souhaitez profiter de votre week-end pour découvrir la scène artistique contemporaine portugaise, cette exposition est pour vous. Le musée du Chiado s'attache à révéler au grand public les œuvres des artistes portugais les plus talentueux des XXe et XXIe s., tels que Lanhas, Joaquim Rodrigo et Lourdes Castro.

Jusqu'au 17 juin 2017.
Infos pratiques p. 36.

PALÁCIO NACIONAL DA PENA

➡ Point of View

Réunissant 10 artistes de renommée internationale, cette expo, dans le Parque da Pena, à Sintra, marque le bicentenaire de la naissance de Ferdinand II, le « roi-artiste ». Le spectateur est invité à se perdre dans le parc pour admirer des installations créées à partir des éléments naturels, entre illusions et jeux de perspective.

Jusqu'au 25 mai 2017.
Infos pratiques p. 108.

SINTRA

➡ Sintra Arte Pública XII

Comme chaque année, les rues de la charmante Sintra accueillent, pour sa 12e édition, la plus grande exposition de sculptures en plein air le long de la Volta do Duche.

Juillet 2016-juin 2017.
Infos pratiques p. 106.

Les incontournables DE LISBONNE

PRAÇA DO COMÉRCIO

La praça do Comércio est la place emblématique de Lisbonne : tous les circuits y convergent. Marquée par l'histoire de la ville, elle ne manquera pas de vous éblouir avec ses bâtiments jaune safran, son marché artisanal et l'intense activité qui y règne. Voir p. 24.

ELEVADOR DE SANTA JUSTA

La délicatesse de l'architecture de cet ascenseur urbain saura charmer les plus sceptiques. D'autant plus que la vue qu'il offre de Lisbonne est absolument superbe. Voir p. 27.

MUSEU NACIONAL DO AZULEJO

Cet ancien couvent est l'exemple même de la beauté et de l'exubérance du baroque portugais, soulignées par les déclinaisons d'azulejos. L'azulejo ne fait qu'un avec l'art portugais et parsème Lisbonne de carrés colorés tous différents. Voir p. 58.

CASTELO SÃO JORGE

Ces ruines médiévales dégagent une atmosphère toute particulière, rappelant que Lisbonne a été une ville à forte influence historique. Pour ajouter à la magie du lieu, elles offrent aussi un panorama unique de la capitale. Voir p. 52.

ALFAMA

Âme de Lisbonne, ce quartier authentique surprend le visiteur. Au détour de ses ruelles étroites et sinueuses, les scènes de la vie quotidienne et les boutiques pittoresques apporteront une touche de douceur à votre promenade. Voir p. 46.

ASCENSOR DA BICA

Que ce funiculaire est agréable ! Outre son chouette style qui change au gré des tags, il vous permettra de rejoindre les hauteurs de Lisbonne sans vous fatiguer. Le moyen de transport indispensable de la ville, et tellement typique ! Voir p. 68.

MOSTEIRO DOS JERÓNIMOS

Son architecture audacieuse et les tombeaux de Vasco da Gama et de Luís de Camões valent le détour. Symbole de toute une époque, celle des grandes découvertes, ce monastère rappelle que le Portugal est un pays d'illustres explorateurs et qu'il concurrence l'Italie et la France pour le titre de « berceau des arts ». Voir p. 90.

TORRE DE BELÉM

Ce bijou d'architecture trône au bord du Tage, narguant par sa prestance les lointains horizons découverts par les grands explorateurs portugais. Voir p. 89.

OCEANÁRIO

Petits et grands s'émerveilleront au fil des nombreux écosystèmes aquatiques recréés dans le plus grand aquarium d'Europe. L'atmosphère feutrée accentue la magie du lieu, où la danse majestueuse des poissons laisse le visiteur béat. Voir p. 103.

PARQUE DAS NAÇÕES

C'est le quartier futuriste de Lisbonne ! Ses grands espaces, son palais des découvertes, ses bâtiments vertigineux et sa télécabine ancrent définitivement la capitale dans l'ère moderne. Voir p. 103.

TRAM 28E

Parfait pour visiter Lisbonne quand on manque de temps ! Ce tramway typique passe par les quartiers les plus célèbres de la ville et dans des rues qu'il est le seul à pouvoir emprunter. De quoi donner un cachet tout particulier à votre visite ! Voir p. 64.

BAIRRO ALTO

À la tombée du jour, le Bairro Alto accueille les oiseaux de nuit à bras ouverts pour danser et faire la fête à la lumière des nombreux bars, restaurants et discothèques du coin. Laissez-vous emporter par cette ambiance joyeuse et désinvolte qui semble éloigner les premiers rayons du soleil, pour votre plus grand bonheur ! Voir p. 38.

10 expériences UNIQUES

SIROTER UN *BICA* AVEC LE FANTÔME DE PESSOA...

... aux terrasses des vieux cafés littéraires A Brasileira (p. 36) ou Café Martinho da Arcada (p. 26) et laisser filer le temps en observant les passants.

PRENDRE L'APÉRITIF AVEC LES LISBOÈTES...

... dans une *ginjinha* du Rossio, en trinquant sur le pavé comme il se doit avec un dé à coudre de liqueur, ou chez Sol e Pesca (p. 155) autour d'une boîte de sardines.

GOÛTER AUX *PASTÉIS DE NATA* QUI SORTENT DU FOUR...

... à la Pastelaria Versailles (p. 71), la « Grande Dame » de Lisbonne tout en stucs et vieux lustres, où l'on potine autour des petits flans crémeux comme dans les années 1920.

DÉCOUVRIR LE LISBONNE STREET ART...

... dans un quartier décoré de fresques géantes, à la station de métro Picoas (Crono Project, p. 71), ou le temps d'un voyage dans l'Ascensor da Bica, couvert de graffitis (p. 68)...

EXPLORER LES DEMEURES INSOLITES DE COLLECTIONNEURS PASSIONNÉS...

... comme la Casa-Museu Anastácio Gonçalves (p. 71) et la Casa-Museu Medeiros e Almeida (p. 70), de merveilleux musées renfermant œuvres d'art et objets précieux.

PISTER LE LISBONNE UNDERGROUND...

... dans les friches industrielles de la LX Factory (p. 85) ou dans les échoppes créatives du Bairro Alto.

ENTRER DANS L'INTIMITÉ DE LA REINE...

... Maria Pia de Savoie au Palácio Nacional da Ajuda (p. 93), un palais dans le goût du XIXe s., peu visité, et que l'on dirait encore habité par la famille royale.

DÉBUSQUER LES FUTURES ÉTOILES DU FADO...

... en grignotant des *petiscos* chez Povo (p. 154), une petite *tasca* bohème à l'esprit ouvert qui reçoit chaque mois un jeune artiste en résidence.

SE CROIRE À LA BELLE ÉPOQUE...

... au comptoir de l'une des nombreuses merceries Art nouveau de la rua da Conceição (p. 26) ou dans le splendide palais du concept store Embaixada (p. 43).

S'ENCANAILLER DANS LES BARS BURLESQUES...

... du Cais do Sodré, le vieux quartier du port qui a troqué ses marins en goguette pour les noctambules branchés. Par exemple au Pensão Amor (p. 153) ou au Bar da Velha Senhora (p. 155), tous deux nichés dans d'anciennes maisons closes.

Un grand week-end
SUR MESURE

Première fois à Lisbonne ?

Suivez notre programme pour ne rien rater des incontournables de Lisbonne ! Le guide compte 19 quartiers répartis dans toute la ville et ses alentours. Évidemment, en trois jours, vous ne pourrez pas faire toutes ces balades. À vous de voir si vous voulez remplacer telle visite par une autre en fonction de vos centres d'intérêt...

PREMIER JOUR

➡ Pour prendre la température de Lisbonne, débutez votre visite à la praça do Comércio (quartier 1). De là, si vous souhaitez avoir une vue d'ensemble de la ville, vous pouvez sauter dans le mythique tram 28E qui traverse Lisbonne d'est en ouest, vers Graça (quartier 8) dans un sens, et Campo de Ourique (quartier 13, moins incontournable) dans l'autre !

➡ Sinon, engagez-vous dans les rues pavées de la Baixa pour faire un peu de lèche-vitrines, puis direction l'Elevador de Santa Justa (quartier 1) qui propulse dans l'élégant quartier du Chiado (quartier 3).

➡ L'après-midi, découverte de l'Alfama (quartier 6) et du Castelo de São Jorge pour profiter de la vue éblouissante depuis les remparts et des ruelles authentiques du quartier. Le soir, dénichez une *casa de fado* pour un dîner aux sons et saveurs typiquement portugais.

DEUXIÈME JOUR

➡ Direction Belém (quartier 15) pour tout découvrir du passé manuélin de Lisbonne avec le Mosteiro dos Jerónimos et la fameuse Torre de Belém. De nombreux musées y présentent le rôle majeur que le Portugal a joué à l'époque des découvertes, et bien d'autres collections picturales et automobiles !

C'est aussi l'occasion de visiter le tout nouveau MAAT, dédié à l'art, l'architecture et la technologie.

➡ Reprenez un grand bol de fraîcheur avec le Príncipe Real (quartier 5), le quartier cool et créatif de Lisbonne. Entre concept stores branchés, vieilles échoppes réinventées et jardins propices à la sieste, vous aurez l'embarras du choix pour occuper votre après-midi.

➡ Et pour terminer votre journée en beauté, dirigez-vous vers le Bairro Alto (quartier 4). De jour, les adorables maisonnettes du quartier vous charmeront. Puis les noctambules vous rejoindront pour faire la fête toute la nuit.

TROISIÈME JOUR

➡ Un week-end à Lisbonne ne saurait se terminer sans un tour vers le Cais do Sodré et Bica (quartier 9), quartier mythique, fort d'un long passé portuaire qui a forgé son caractère actuel. Commencez votre visite par l'icône du quartier, le fameux Ascensor da Bica, puis partez à la découverte des ruelles les plus sulfureuses de la ville, entre la Loja das Conservas qui atteste de l'importance locale de la pêche, et le Miradouro de Santa Catarina do Adamastor, où la jeunesse vient se retrouver.

➡ Baladez-vous ensuite sur les bords du Tage, jusqu'au museu Nacional do Azulejo, puis passez le reste de l'après-midi à

parcourir le Parque das Nações (quartier 17). C'est un lieu de promenade très agréable, avec un point de vue magnifique sur le Tage depuis la télécabine. La visite de l'Oceanário s'intégrera parfaitement dans votre parcours.

NOS CONSEILS DE VISITE

➡ Les horaires d'ouverture des églises sont assez aléatoires : prévoyez un plan de secours au cas où vous trouveriez porte close.

Déjà venu ?

Vous connaissez déjà les incontournables de Lisbonne ? Sortez des sentiers battus et explorez les quartiers plus authentiques et injustement boudés par les touristes !

SINTRA (QUARTIER 18)

➡ Direction l'Estação Central do Rossio (la gare centrale) pour prendre un train direct vers Sintra. La douceur du « glorieux Éden » permet une escapade romantique à souhait. Vous y découvrirez des palais et châteaux à l'architecture et aux couleurs dignes de contes fantastiques, au milieu de grands jardins luxuriants. Une virée hors du temps à quelques minutes seulement de la capitale. Magique!

GRAÇA ET LA MOURARIA (QUARTIER 8)

➡ L'Alfama, les touristes en moins et le fado en plus ! Pour une vue panoramique, rendez-vous au plus haut belvédère

de Lisbonne, le Miradouro da Senhora do Monte, qui offre aussi la vue la plus dégagée sur la ville. Vous vous rendrez vite compte que le quartier est le foyer du mélange des cultures lisboètes. Le fado y trouve ses origines et ce ne sont pas les portraits que vous surprendrez aux murs des rues qui vous diront le contraire ! Graça et la Mouraria sont des quartiers hétéroclites et pittoresques, pour notre plus grand plaisir.

CAMPO GRANDE, LUMIAR ET MONSANTO (QUARTIER 16)

➡ Excentrés, les quartiers du nord de Lisbonne sont une bonne alternative si on pense que la ville n'a plus de secrets pour nous. Si, au premier abord, ils semblent ultra-industrialisés et désagréables, ils cachent en réalité des trésors culturels uniques en leur genre et autres espaces de détente, à l'image du Museu Nacional do Traje e da Moda, dont la collection vaut le détour. Derrière le béton armé des quartiers nord de la ville bat un cœur : pour preuve, c'est ici que le Museu de Lisboa vous racontera l'histoire si riche de la capitale portugaise.

Fêtes & FESTIVALS

Février

Mardi gras
Le carnaval a lieu durant la période précédant le mercredi des Cendres.

Mars

Semaine sainte
Festivités religieuses et processions.

Avril

Peixe em Lisboa
Dégustations, cours de cuisine de grands chefs, marché de gourmets... C'est le rendez-vous gastronomique de l'année au Pátio da Galé !
www.peixemlisboa.com

Dias da Música em Belém
Un festival de musique classique de grande envergure au centre culturel de Belém.
www.ccb.pt

Fête de la Liberté
Le 25 avril, on commémore via cérémonies officielles et défilés militaires la chute du régime de Salazar en 1974.

Indielisboa
Festival international du film indépendant avec plus de 300 films projetés dans plusieurs cinémas de la ville.
www.indielisboa.com

Festival In
La vitrine de l'innovation et de la créativité portugaises au Parque das Nações : art, mode, musique, design, théâtre, multimédia et jeux vidéo.
www.festivalin.pt

Mai

Feira do Livro
Cette grande foire au livre se déroule dans le parc Eduardo-VII pendant une quinzaine de jours.
www.feiradolivro delisboa.pt

Meo Out Jazz
De mai à septembre, concerts de jazz gratuits dans les parcs, jardins, hôtels et musées de Lisbonne les samedis et dimanches en fin d'après-midi.
http://ncs.pt/outjazz.php

Estoril Jazz
En mai ou en juin, l'auditorium du casino d'Estoril swingue pendant une semaine au rythme du jazz.
www.projazz.pt

Festival de Sintra
Fin mai-début juin, les spectacles de musique et de danse investissent les palais de Sintra, de Pena ou de Queluz.
www.festivaldesintra.pt

Juin

Festas de Lisboa / Festas dos Santos Populares
Pendant un mois, les Fêtes de Lisbonne font vibrer les vieux quartiers de la capitale : spectacles de rue, concerts, expos, fête du Fado... avec pour temps forts les fêtes des saints populaires et leurs défilés costumés avenida da Liberdade, les bals et fêtes de rue pour les Saint-Antoine (12 et 13 juin), Saint-Jean (23 et 24) et Saint-Pierre (28 et 29).
www.festasdelisboa.com

Fête nationale
Célébrée le 10 juin, elle marque aussi le souvenir de la mort du poète Luís de Camões en 1580.

Arraial Pride
Fin juin, la Terreiro do Paço se transforme en village gay, avec des activités tout public le jour, et une immense piste de danse le soir.
www.ilga-portugal.pt

Juillet

Festival de Théâtre d'Almada
Début juillet, productions théâtrales nationales et internationales à Lisbonne et sur l'autre rive du Tage.
www.ctalmada.pt

Super Bock Super Rock
À la mi-juillet, ce festival de rock enflamme le Parque das Nações avec des stars internationales.
www.superbocksuperrock.pt

Cool Jazz Fest
Concerts jazz ou pop en plein air à Oeiras, dans la banlieue ouest de Lisbonne.
www.edpcooljazz.com

Festival ao Largo
Tout le mois de juillet, opéras et concerts classiques gratuits et en plein air devant le théâtre de São Carlos.
www.festivalaolargo.com

Nos Alive
Le grand festival de musique pop de Lisbonne se déroule pendant trois jours au Passeio Marítimo de Algès.
www.nosalive.com

Août

Jazz em Agosto
Première quinzaine d'août, festival jazz de haute volée dans le parc de la fondation Gulbenkian.
www.gulbenkian.pt/musica

Festas do Mar
Fêtes de la Mer à Cascais pendant une dizaine de jours : nombreux concerts et animations...

Septembre

Queer Lisboa
Le festival du film gay et lesbien de Lisbonne a lieu fin septembre.
www.queerlisboa.pt

Octobre

Rock'n'roll Marathon
Un parcours de marathon (et semi-marathon) le long du Tage, de Cascais au Parque das Nações, jalonné de concerts de rock et d'animations.
http://pt.competitor.com

Novembre

Lisbon & Estoril Film Festival
Rendez-vous du cinéma international : projections, débats, rétrospectives, ateliers, concerts, expos...
www.leffest.com

Décembre

Fête du Nouvel An
La nuit de la Saint-Sylvestre est un événement important à Lisbonne avec des concerts, des animations et un feu d'artifice tiré en face du fleuve !

Visites

PAR QUARTIER

À SAVOIR

VISITER LA VILLE

Nous avons découpé la ville et ses environs en **19 quartiers** que vous pouvez pour la plupart visiter à pied. Les quartiers plus excentrés comme Belém (quartier 15), les docks (quartier 14) ou le Parque das Nações (quartier 17) sont accessibles en train, tram ou métro. Pour rallier Sintra (quartier 18), vous devrez prendre le train puis vous pourrez vous déplacer en bus entre les principaux sites. La Costa do Sol (quartier 19) est accessible via le train du littoral depuis Cais do Sodré.

LIRE LES CARTES

Chacune des visites est accompagnée d'un plan détaillé sur lequel nous avons placé tous les points d'intérêt du quartier. Les pastilles de couleur indiquent nos bonnes adresses de restos (orange), de bars (violet) et de boutiques (rouge). Le numéro de la pastille colorée correspond à celui attribué à chacune des adresses. Reportez-vous au chapitre concerné pour lire la notice de l'établissement.

SE DÉPLACER

Les rues de Lisbonne sont pentues, très pentues: prévoyez de bonnes chaussures et n'hésitez pas à sauter dans un funiculaire, un ascenseur ou un tram pour vous reposer un peu ! De même, étant donné le nombre d'escaliers, évitez les poussettes. Certains quartiers, comme l'Alfama, sont même déconseillés pour les familles avec de jeunes enfants pour cette raison. Dans les quartiers comme Campo Grande, Lumiar et Monsanto (quartier 16), la marche est moins agréable et vous apprécierez davantage le métro, le taxi ou le bus pour vous rendre d'un site à l'autre. Plus de détails dans le carnet pratique, p. 188.

NOS CONSEILS DE VISITE POUR VOYAGER MOINS CHER

Pensez aux billets combinés, qui vous permettront de faire des économies... Ainsi qu'aux nombreux musées gratuits (ou presque). Par exemple, la visite d'une grande partie des lieux touristiques est gratuite le premier dimanche de chaque mois. Plus de détails dans le carnet pratique, p. 194-195.

1 La Baixa, LA VILLE DES LUMIÈRES

Restos, bistrots p. 117 | Bars, clubs p. 143 | Boutiques p. 163

Depuis la praça do Comércio se déploie la ville pombaline, cité idéale tracée au cordeau par le marquis de Pombal après le séisme de 1755. La « ville basse » (Baixa, prononcez « bail-lecha »), damier de rues piétonnes et commerçantes, charme avec ses mosaïques de pavés polis, ses échoppes surannées, ses vieux bars à *ginja*, ses cireurs de chaussures, ses artistes de rue et ses vendeurs à la sauvette...

❶ PRAÇA DO COMÉRCIO***

L'ancienne place du Palais (terreiro do Paço, qui accueillit le palais royal pendant quatre siècles) s'ouvre sur la Baixa par un arc de triomphe et sur le Tage par un embarcadère. C'est ici qu'épices et or des colonies étaient déchargés. Aujourd'hui, en fin de journée, une foule compacte se rue vers les ferrys de banlieue. Chaque week-end, un marché artisanal s'installe sous les arcades.

Les bâtiments

Après le séisme de 1755, de nouveaux bâtiments ornés d'arcades furent construits par Eugénio dos Santos et Carlos Mardel sur cette vaste place. À la proclamation de la République en 1910, ils furent peints en rose. Aujourd'hui, c'est un jaune royal qui les illumine.

La statue équestre du roi José Ier

Au centre se dresse fièrement le roi José Ier (1750-1777) sur un cheval de bronze qui piétine des serpents. Cette œuvre a été sculptée en 1775 par le célèbre Machado de Castro.

L'arco da rua Augusta

Faisant office de porte d'entrée, l'arc de triomphe donnant sur la rua Augusta est recouvert de grandes figures historiques comme Vasco da Gama ou le marquis de Pombal. Un ascenseur (T. l. j. 9h-19h, 2,50 €) vous propulse au sommet, à 30 m de hauteur, pour une vue renversante sur la praça do Comércio et la Baixa. La visite comprend l'accès à la salle de machinerie de l'horloge.

Le côté sud

Reconnaissable à ses deux tours carrées, le Cais das Colunas a quelque chose de magique avec son grand escalier de marbre qui pénètre dans l'eau du Tage. Ce point d'amarrage, accès privilégié des rois et des ambassadeurs, cultive le symbole d'un pays ouvert sur le monde.

❷ LISBOA STORY CENTRE MEMÓRIAS DA CIDADE **

De l'Olisipo romaine à la révolution des Œillets en passant par la

❸ Pour une pause dans le plus vieux café de Lisbonne : Café Martinho da Arcada**

Quand il n'était pas accoudé au comptoir d'A Brasileira (voir p. 36), Pessoa fréquentait ce café littéraire ouvert en 1782. Si vous ne décrochez pas la table très disputée du poète, vous pourrez malgré tout siroter un verre ou grignoter un sandwich (3,50-4 €) sous les arcades de la terrasse.

Praça do Comércio, 3
• ☎ 218 879 259
• www.martinhodaarcada.com
• Lun.-sam. 7h-23h
• Plat : 3,50-24 €.

Lisbonne des découvertes et le séisme de 1755, revivez l'histoire de l'une des plus vieilles cités du monde au fil d'un parcours audioguidé, riche d'installations et de vidéos. À l'étage, salle interactive avec maquette virtuelle et écran tactile pour observer Lisbonne du ciel.

Praça do Comércio, 78-81 • ☎ 211 941 099 • www.lisboastorycentre.pt • T. l. j. 10h-20h • Entrée plein tarif : 7 €.

❹ MUSEU DO DESIGN E DA MODA (MUDE)**

Installé dans une banque désaffectée à la déco brute de décoffrage, le MUDE expose par roulement les créations de grands designers et couturiers du XXe s. (Charles et Ray Eames, Le Corbusier, Courrèges, Vivienne Westwood...), réunies par l'homme d'affaires Francisco Capelo puis acquises par la ville. Les expositions temporaires (hors collection Capelo) sont l'occasion de pénétrer dans la salle des coffres.

Rua Augusta, 24 • ☎ 218 886 117 • www.mude.pt • Attention, fermé pour travaux ; réouverture prévue fin 2017.

❺ RUA DA CONCEIÇÃO*

Hors du temps, la « rue des Merceries » aligne les petites échoppes traditionnelles où vous pourrez faire le plein de jolis boutons rétro (à partir de 0,30 €), de passementeries et de rubans de toutes les couleurs. Au nº 91, ne manquez pas la délicieuse vitrine Art nouveau de la boutique Retrosaria Bijou, ouverte depuis 1915.

❻ NÚCLEO ARQUEOLÓGICO*

Derrière la porte de la banque Millenium BCP, on découvre la ville romaine. Une voie pavée garde encore la trace visible de roues. L'itinéraire souterrain vous guide entre les murs d'habitations romaines et médiévales et dans les vestiges d'un complexe préindustriel avec silos à céréales, amphores à huile et bassins de salaison. Une magnifique mosaïque (IIIe s.) indique l'existence de thermes romains.

Fundação Banco Comercial Português (BCP), Rua dos Correeiros, 9 R/C, accès : rua Augusta, 96 • ☎ 211 131 004 • Visites guidées gratuites (en portugais et en anglais) : lun.-sam. 10h-17h (toutes les heures), f. j. f., résa conseillée • Entrée libre.

❼ ELEVADOR DE SANTA JUSTA***

Le style « dentelle de fer » ne trompe pas : l'ascenseur, inauguré en 1902, a été dessiné par Mesnier de Ponsard, un disciple d'Eiffel ! À l'époque, devant une foule ébahie, le roi a même franchi à cheval la haute passerelle, prouvant ainsi sa solidité. L'*elevador* rénové (il a conservé ses belles cabines en bois) offre deux avantages : il relie la Baixa et le Chiado (arrivée Largo do Carmo), et il permet de contempler la ville, le Tage et le château de São Jorge.

Rua de Santa Justa • T. l. j. 7h-21h (nov.-fev.) 23h (mars-oct.) • Entrée plein tarif (A/R + mirador) : 5 € • Mirador : t. l. j. 9h-21h (entrée : 1,50 €) • **Voir Carnet pratique p. 191.**

Lisbonne après le séisme de 1755

Le jour de la Toussaint de 1755, un violent tremblement de terre ébranle Lisbonne. Sebastião José de Carvalho, marquis de Pombal, alors Premier ministre, va devenir le promoteur d'une véritable révolution urbanistique et économique. Il fait complètement raser le centre pour ériger une cité nouvelle, inspirée de l'esthétisme et du rationalisme de l'époque des Lumières.

LE TREMBLEMENT DE TERRE

Les premières secousses eurent lieu pendant la messe, provoquant **l'effondrement des voûtes de nombreuses églises.** La panique poussa les gens vers le fleuve, où ils furent refoulés par un raz-de-marée. Famine et épidémies succédèrent à la catastrophe. Lisbonne, ville très peuplée pour l'époque (150 000 habitants), compta environ 40 000 victimes. **L'événement défraya la chronique** dans l'Europe entière.

L'ESPRIT DES LUMIÈRES

Pombal ressortit triomphant de cette épreuve. Il obtint carte blanche du roi tant pour la **reconstruction de la ville** que pour la poursuite de sa politique. **Despote éclairé,** il engagea des réformes dans les domaines de l'économie, de la justice, de l'enseignement et du commerce. Résolument laïc et libéral, il avait pour ambition de transformer le pays entier en favorisant le développement d'une classe moyenne au détriment d'une noblesse et d'un clergé trop puissants. Ainsi, il abolit l'esclavage et entreprit une croisade féroce contre les jésuites.

UNE ESTHÉTIQUE RATIONNELLE

Souvent comparé à Haussmann, Pombal adopta, 100 ans avant lui, une approche fonctionnelle de l'urbanisme : reconstruire en rationalisant afin de faire de Lisbonne une **ville modèle !** Finies, les ruelles tortueuses et les façades fantaisistes. Les artères deviennent larges et orthogonales, et les édifices tous identiques, sans fioritures. Pour la première fois, on utilise des matériaux standardisés, souvent importés. Dans un souci de salubrité publique, Pombal rend obligatoires les puits, lance l'idée des égouts, des trottoirs et du pavage des rues.

LA BAIXA, QUARTIER DU COMMERCE

L'esprit de Pombal s'illustre dans **l'organisation de la ville basse** (la Baixa, voir p. 24). Celle-ci est réservée au commerce et à l'artisanat, et les échoppes sont regroupées par corporations. En effet, c'est **l'émergence d'une classe de marchands** et de banquiers qui est à la base du développement du pays ; c'est elle, en tout cas, qui soutient sa politique et finance ses travaux !

DES AZULEJOS INDUSTRIELS

Il faut à la fois **faire vite** et lancer une esthétique nouvelle. Les techniques de décoration utilisées jusqu'alors pour les carreaux de faïence sont à la fois trop artisanales et trop baroques pour répondre à ces deux objectifs. En 1767, la création de la **Fabrique royale de faïence du Rato** permet de produire à grande échelle des carreaux aux motifs simplifiés (guirlandes, coquillages...).

On travaille selon un patron répétitif (le poncif) utilisé dans les couloirs, les escaliers et les cuisines. La polychromie est de retour et le manganèse donne une dominante violacée typique des carreaux de cette période (voir p. 60-61).

La *calçada portuguesa* : un héritage pombalin

Le pavage des rues *(calçada portuguesa)*, instauré par Pombal, consiste à assembler sans enduit de petites pierres de récupération en calcaire et en basalte en formant des dessins noir et blanc. À la fin du XIXe s., la mode s'impose vraiment et on l'adopte pour les grandes avenues, la totalité du Rossio et du Chiado. Les motifs sont inspirés de l'histoire des découvertes (caravelles et nefs) et du commerce (poissons, fruits...). Il suffit de baisser les yeux en marchant pour admirer ces véritables œuvres d'art qui brillent au soleil. Avec un peu de chance, le soir, dans quelque ruelle de la Baixa, vous verrez même à l'œuvre les derniers de ces artistes. Hélas, le nombre des paveurs diminue dangereusement : ils ne sont plus qu'une vingtaine recensés à Lisbonne.

2 Le Rossio, UN CONCENTRÉ LISBOÈTE

Restos, bistrots p. 118 | Bars, clubs p. 143 | Boutiques p. 164

Ne vous fiez pas à son célèbre pavage pombalin « grande mer » hérité du XIXe siècle... Lieu de fêtes populaires, la place du Rossio est au cœur de la vie de la capitale depuis le Moyen Âge ! Touristes et Lisboètes s'y croisent et s'y arrêtent pour ses cafés, ses pâtisseries légendaires et ses vieux bars. À deux pas, la praça da Figueira, avec ses façades décrépies et sa tribu de skateurs, est tout aussi animée.

❶ PRAÇA DOM PEDRO IV OU ROSSIO**

Le Rossio a troqué son nom médiéval pour celui du premier roi du Brésil, Pedro IV, perché sur sa colonne depuis le XIXe s. Courses de taureaux et autodafés s'y déroulaient jadis : le palais de l'Inquisition s'élevait au nord, à l'emplacement du Teatro Nacional Dona Maria II. Aujourd'hui, les terrasses du Café Nicola et de la Pastelaria Suiça (voir p. 119) se disputent la faveur des touristes, et la charmante Tabacaria Monaco attire les curieux avec ses boiseries Art déco (nº 21, ☎ 213 468 191).

❷ IGREJA DE SÃO DOMINGOS*

Elle a de bien curieuses vibrations... Est-ce parce que l'Inquisition y a été très active, que mariages royaux et couronnements y ont été célébrés ou plutôt parce que sa nef a entièrement brûlé en 1959 ? Piliers râpés, chapiteaux rayés, traces de feu, travaux inachevés, tout ce camaïeu de gris est surmonté d'une voûte en berceau de béton rose. Une église majestueuse et magnifiquement désolée.

Largo de São Domingos • T. l. j. 7h30-19h • Accès libre.

❸ RUA DAS PORTAS DE SANTO ANTÃO*

Entre le Teatro nacional Dona Maria II (1846) et le Palácio da Independência, cette rue piétonne déroule son tapis de restaurants, de commerces et de salles de spectacle, dont le prestigieux Coliseu au nº 96, un cirque devenu théâtre (voir p. 143).

❹ CASA DO ALENTEJO*

Un petit coin d'Alentejo (la région au sud-est du Tage) à Lisbonne. Ce palais de la fin du XVIIe s. est le lieu de rendez-vous de tous les

❺ Pour une pause pâtisserie : Confeitaria Nacional**

La plus vieille pâtisserie de Lisbonne dégage un délicieux parfum de vanille, celui des *bolos* et *pastéis de nata* (1,10-1,30 €) qui depuis 1829 sortent du four tout chauds et croustillants. Des plats du jour sont proposés le midi (6,90 € au comptoir, 8,90 € à table). Self-service à l'étage.

Praça da Figueira, 18 B/C • ☎ 213 424 470 • Lun.-jeu. 8h-20h, ven.-sam. 8h-21h, dim. 9h-20h.

Alentéjans qui ont le mal du pays. Son superbe patio mauresque accueille des expos d'art ou d'artisanat. Si vous aimez les lieux insolites, vous ne serez pas déçu par la grande salle de bal à l'étage, avec sa scène de théâtre au charme suranné. Grands miroirs, lustres, moulures, murs décrépis, l'ambiance y est particulière... Évitez en revanche le restaurant.

Rua das Portas de Santo Antão, 58 • ☎ 213 405 140 • T. l. j. 11h30-23h • Entrée libre.

❻ ESTAÇÃO CENTRAL DO ROSSIO*

Malgré le style manuélin de sa magnifique façade blanche entièrement sculptée, la gare centrale date de 1887... une époque où l'on affectionnait les pastiches néomanuélins, imitations parfaites de l'original.

Praça Dom João da Câmara.

❼ PRAÇA DOS RESTAURADORES*

Au centre, un obélisque rend hommage aux Restaurateurs de l'indépendance du Portugal qui se soulevèrent contre l'Espagne en 1640. À l'ouest, le Palácio Foz et sa façade rose, construit au XVIIIe s. par Francesco Saverio Fabri, abrite l'office de tourisme. À sa gauche, l'ancien Teatro Eden Art déco (1937) est occupé par l'Aparthotel VIP Eden.

⑧ AVENIDA DA LIBERDADE**

Ici, Lisbonne rêve de Paris avec ses platanes, ses fontaines, ses magasins chic et ses marques de luxe (Prada, Gucci, Louis Vuitton...). Ne manquez pas le vaisseau amiral de la marque de chaussures portugaises Fly London (voir p. 176). Cette belle et longue avenue se termine au nord par la praça Pombal, où trône une statue du grand homme. En chemin, plusieurs petits kiosques avec terrasse invitent à la pause glace, smoothie ou pâtisserie.

3 Le Chiado, VIEUX CAFÉS ET LÈCHE-VITRINES

Restos, bistrots p. 119 | Bars, clubs p. 144 | Boutiques p. 167

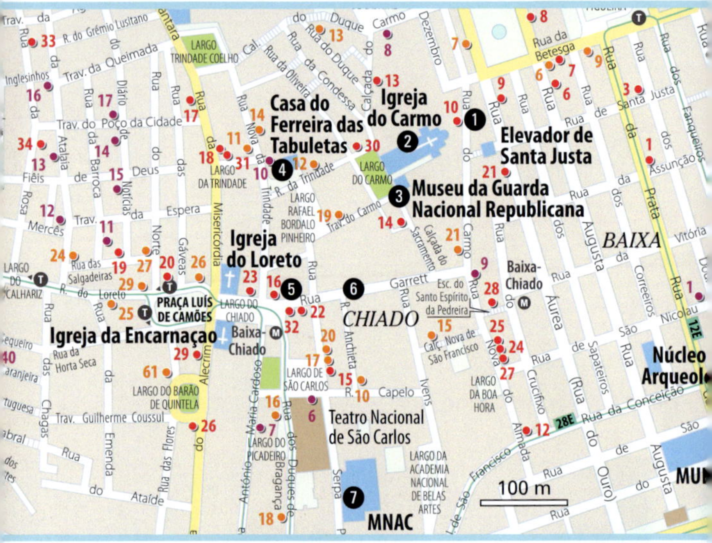

Reconstruit après la catastrophe de 1755, le Chiado était devenu le rendez-vous de la bohème artistique et des élégantes en quête de la dernière mode. Ravagé par un incendie en 1988, ce quartier chic et intello a retrouvé son élégance grâce à une restauration soignée. Il flotte toujours un parfum de Belle Époque dans ses ruelles pavées où vieilles enseignes, cafés et barbiers résistent à l'invasion des boutiques branchées.

❶ RUA DO CARMO*

Le trait d'union entre la Baixa et le Chiado est bordé de librairies, boutiques de mode et jolies devantures 1900 comme la Joalharia do Carmo (nº 87B) et Au Bonheur des Dames. Les complaintes d'une *fadista* vous guideront chez Carrinha do Fado, un disquaire logé dans une voiture rétro près de l'ascenseur de Santa Justa (lun.-sam. 9h-19h). Inspiré de la Samaritaine à Paris, le grand magasin Grandella (enseigne H&M), d'où partit l'incendie de 1988, précède le centre commercial Armazéns do Chiado.

❷ IGREJA DO CARMO E MUSEU ARQUEOLÓGICO**

Sévèrement touchée lors du séisme de 1755, cette église a été en partie restaurée (le portail et les murs extérieurs sont du XIVe s.) et elle abrite un musée archéologique. La visite est pour le moins originale puisque les travées des trois nefs sont à ciel ouvert. À voir dans l'abside, les panneaux d'azulejos du XVIIIe s. évoquant la Passion, les céramiques et les momies précolombiennes, les ornements des tombeaux royaux ou le plafond en brique (XVIIIe s.).

Largo do Carmo • ☎ 213 478 629 • Lun.-sam. 10h-18h (19h juin-sept.) • Entrée plein tarif : 3,50 €.

❸ MUSEU DA GUARDA NACIONAL REPUBLICANA*

Ce petit musée moderne retrace l'histoire de la garde nationale républicaine dans l'ancien couvent des Carmes (fin XIVe s.). C'est ici que le régime dictatorial de Marcelo Caetano fut renversé par la révolution des Œillets.

Largo do Carmo • ☎ 213 217 222 • www.gnr.pt • Lun.-sam. 10h-18h • Entrée libre.

❹ CASA DO FERREIRA DAS TABULETAS**

Au XIXe s., l'azulejo (voir p. 60-61) était utilisé pour décorer les façades des magasins, des marchés, des gares et de quelques maisons individuelles. Cette façade a été réalisée dans un style naïf par Luís Ferreira das Tabuletas, l'artiste le plus renommé de son temps. Les figures en trompe-l'œil sur fond jaune évoquent les quatre éléments et les quatre saisons.

Largo Rafael Bordalo Pinheiro.

❻ RUA GARRETT**

La très chic rua Garrett a conservé quelques-uns des plus anciens magasins de Lisbonne. À voir, le somptueux décor de style Louis XV de l'ancienne bijouterie Ourivesaria Aliança (magasin Tous au n° 50), l'intérieur Art déco de la Casa Havaneza (voir p. 168), les boiseries de Paris em Lisboa (voir p. 169) et l'ascenseur façon Marie-Antoinette du magasin Benetton (n° 83). Aux nos 73-75, la Livraria Bertrand, fondée par deux Français en 1732, est la plus vieille librairie du monde !

❼ MUSEU NACIONAL DE ARTE CONTEMPORÂNEA DO CHIADO (MNAC)**

Du romantique Francisco Metrass (XIXe s.) à la nouvelle figuration de Paula Rego et Lourdes Castro, le musée national d'Art contemporain livre une rétrospective de l'art portugais de 1850 à 1975 à travers une centaine de peintures. L'ancien monastère, revisité par Jean-Michel Wilmotte, expose aussi des sculptures (Rodin, Bourdelle...) et abrite des expositions d'artistes contemporains. Petit café dans la cour.

Rua Serpa Pinto, 4 • ☎ 213 432 148 • www.museuartecontemporanea.pt • Mar.-dim. 10h-18h • Entrée plein tarif : 4,50 € (gratuit 1er dim. du mois).

❺ Pour une pause *bica* avec Pessoa : A Brasileira**

Ce café est situé au cœur du quartier natal du poète Fernando Pessoa, qui a d'ailleurs sa statue sur la terrasse. Jusque dans les années 1950 s'y retrouvaient écrivains et artistes en tout genre puis, à la fin des années 1960, les opposants au régime de Salazar. Il reste aujourd'hui encore le rendez-vous privilégié des peintres et d'autres résidents du quartier. Tout le charme d'un intérieur Art nouveau et d'une ambiance animée !

Rua Garrett, 120-122 • ☎ 213 469 541 • T. l. j. 8h-2h • Expresso : 0,70 € au comptoir, 1,50 € en terrasse.

TERRA
AGUA

4 Le Bairro Alto, BERCEAU DE LA *MOVIDA*

Restos, bistrots p. 123 | Bars, clubs p. 146 | Boutiques p. 174

Fief des artistes et de l'avant-garde intellectuelle dans les années 1980, la « ville haute », avec ses maisonnettes colorées perchées sur la colline São Roque, a les airs d'un village paisible. Vers midi, boutiques de créateurs et de mode vintage s'éveillent rua do Norte et rua da Rosa. La nuit, les ruelles piquetées de bars minuscules et de restaurants à la mode attirent des hordes de fêtards jusqu'au petit matin.

❶ PRAÇA LUÍS DE CAMÕES*

On passe et repasse sur cette place dans le flot des tramways et d'une circulation dense. Au centre s'élève la statue de Luís de Camões, le célèbre auteur des *Lusiades*, l'épopée nationale du Portugal. Retournez-vous pour profiter du bel angle de vue sur les profils des églises do Loreto et da Encarnação, à droite.

❸ IGREJA E MUSEU DE SÃO ROQUE***

Ne vous fiez pas à sa façade sévère... L'opulent décor (XVIe-XVIIIe s.) de l'église Saint-Roch, fondée par les jésuites au XVIe s., est riche de sculptures, de mobilier en bois précieux du Brésil et de peintures de l'école de Zurbarán et de Vieira de Lusitano. Il faut croire que rien n'était assez luxueux pour l'extravagant roi João V, qui commanda en 1740 la précieuse capela São João Batista, œuvre d'art unique au monde. Dans les dépendances, le musée dévoile une collection d'art sacré : peintures de la vie de saint Roch, reliquaires, robes liturgiques et éléments décoratifs de la capela São João Batista.

La nef et les chapelles latérales

Le plafond de l'église (1588) représente des scènes apocalyptiques en trompe-l'œil. Attribué à Francisco Venegas, peintre de la cour de Philippe II, c'est le seul plafond peint de l'époque maniériste qui a survécu à Lisbonne.

❷ Pour une pause gourmande : Manteigaria**

Plus besoin d'aller à Belém pour découvrir les secrets de fabrication des *pastéis de nata !* Dans cette ancienne laiterie, une vitrine permet d'observer les pâtissiers à l'œuvre. De quoi éveiller la gourmandise et succomber aux croustillants petits flans, debout au comptoir ou à emporter.

Praça Luís de Camões • ☎ 213 471 492 • T. l. j. 8h-minuit • *Pastel de nata* : 1 €.

Les huit chapelles autour de la nef reflètent le programme religieux de la Compagnie de Jésus. Celle dédiée à saint Roch, sur la droite, est décorée de magnifiques azulejos du XVIe s.

La capela São João Batista

Miraculeusement épargnée par le séisme, la chapelle Saint-Jean-Baptiste (4e chapelle à g.), conçue par les architectes italiens Luigi Vanvitelli et Nicola Salvi, fut construite à Rome entre 1742 et 1750. Après leur acheminement à Lisbonne par bateau, il fallut une année entière pour assembler les éléments de la chapelle. Entre plafond maniériste en trompe-l'œil, peintures, panneaux d'azulejos et étranges reliquaires, vous serez émerveillé par ce pur chef-d'œuvre du baroque italien. Mêlant les styles néoclassique et rocaille, elle est d'un faste inégalable, tout enjolivée d'or, de bronze et de matériaux précieux : angelots en marbre de Carrare, colonnes en lapis-lazuli, incrustations d'ivoire et d'améthyste, mosaïques...

Les autels des reliques

Les deux autels autour de la chapelle principale accueillent la plus remarquable collection de reliques après celle de l'Escurial en Espagne. Celles-ci furent offertes à l'église en 1587 par D. João de Borja, ambassadeur de Philippe II à la cour impériale de Rodolphe II. Bras, bustes ou encore coffrets, les précieux reliquaires sont faits de bois rares, d'or et de cristal.

La sacristie

Les panneaux peints qui recouvrent les murs de la sacristie racontent des épisodes de la vie du missionnaire jésuite saint François-Xavier, de la passion du Christ et de la vie de saint Ignace de Loyola (1491-1556). Le superbe meuble en jacaranda incrusté d'ivoire date du XVIIe s.

Largo Trindade Coelho • Église : ☎ 213 235 000 • Lun. 14h-19h, mar.-dim. 9h-19h (20h jeu.), (f. 18h oct.-mars) • Entrée libre • Musée : ☎ 213 235 444 • www.museudesaoroque.com • Lun. 14h-19h, mar.-dim. 10h-19h (20h jeu., 18h oct.-mars), f. 1er janv., dim. de Pâques, 1er mai et 25 déc.) • Entrée plein tarif : 2,50 € (gratuit dim. 10h-14h) • Vis. guidées gratuites (appeler avant pour vérifier les horaires de visites dans chaque langue – ang., port., fr., esp.).

❹ MIRADOURO DE SÃO PEDRO DE ALCÂNTARA★★★

Pour arriver au belvédère, utilisez l'ascensor da Glória (voir p. 191), qui relie l'avenida da Liberdade au Bairro Alto. En fin d'après-midi, la lumière dorée illumine les vieilles pierres du château et les tours de la cathédrale. Un ravissant jardin à la française se niche en contrebas. Le petit kiosque est pris d'assaut pour l'apéro !

Rua de São Pedro de Alcântara.

❺ CONVENTO DE SÃO PEDRO DE ALCÂNTARA**

Construite en 1681, l'église de cet ancien couvent franciscain a été remaniée à la suite du tremblement de terre de 1755. Outre de magnifiques panneaux d'azulejos baroques relatant la vie de São Pedro de Alcântara et un plafond peint en trompe-l'œil par le Français Pierre Bordes (1878), elle abrite la somptueuse capela dos Lencastres, tout en marqueterie de marbre.

Rua de São Pedro de Alcântara, 85 • ☎ 213 235 233 • Lun. 14h-19h, mar.-dim. 10h-19h (20h jeu.) • Visite guidée en français : ven. 11h30 (2,50 €) • Entrée libre.

5 Príncipe Real, ENTRE JARDINS ET CRÉATEURS

Restos, bistrots p. 125 | Bars, clubs p. 148 | Boutiques p. 175

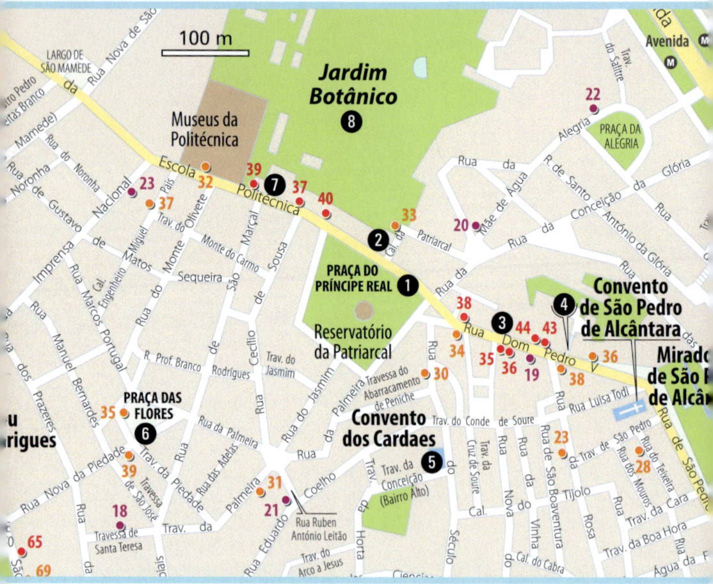

Quartier en pleine ébullition et rendez-vous du Lisbonne gay, Príncipe Real est le repaire de la jeunesse cool et créative. Boutiques indépendantes, concept stores et cafés branchés n'en finissent pas de bourgeonner entre vieilles épiceries et échoppes d'antiquaires. Arrêtez-vous sur ses places ombragées et prenez le temps de respirer, loin des foules, dans son jardin botanique au charme tout romantique.

❶ PRAÇA DO PRÍNCIPE REAL**

La place n'a guère changé depuis la fin du XIXe s., avec ses terrasses ombragées, son kiosque et son gigantesque *Cypressus lusitanica*. C'est l'arbre le plus large d'Europe (25 m de circonférence). Admirez les façades des palais, aujourd'hui occupés par des associations et des ministères, et profitez du petit marché bio le samedi matin. Au cœur du parc, le Reservatório da Patriarcal, un réservoir d'eau souterrain du XIXe s., offre une fraîcheur bienvenue quand la chaleur est écrasante (sam. 10h-17h30, entrée : 1 €).

❷ EMBAIXADA***

Abandonné pendant des décennies, ce superbe palais néomauresque du XIXe s. s'est métamorphosé en concept store ultra-tendance. Entre voluptueuses fresques Art nouveau, lustres clinquants et moulures, les boutiques font la part belle à la création portugaise tradi ou innovante : mode, déco, artisanat, gastronomie... Outre les expos d'art, le patio mauresque abrite un café et, au sous-sol, le restaurant Atalho Real (voir p. 126) et sa divine terrasse font le bonheur des carnivores. Un lieu unique !

Praça do Príncipe Real, 26 • ☎ 965 309 154 • www.embaixadalx.pt • T. l. j. 12h-20h.

❸ RUA DOM PEDRO V**

C'est, avec sa complice la rua da Escola Politécnica, la destination pour shopper hors des sentiers battus. D'Alexandra Moura à Kolovrat (voir p. 175), l'avant-garde du stylisme lisboète s'affiche dans ce petit bout de rue où de vénérables antiquaires empilent depuis des lustres les trésors du passé portugais.

❹ Pour une pause Bollywood : Lost In**

À l'ombre des arbres, une terrasse tendance Bollywood surplombe la ville basse et ménage une belle vue sur le Castelo. Entre fresques murales, lanternes orientales et parasols multicolores, profitez de ce petit coin romantique et paisible pour siroter une limonade maison et grignoter quelques *petiscos* aux parfums d'Orient (3,90-9,80 €, espèces seulement). La boutique voisine regorge de superbes tenues et accessoires hindi chic !

Rua Dom Pedro V, 56 (impasse en face de la rua da Rosa) • ☎ 917 759 282 • Lun. 16h-minuit, mar.-sam. 12h30-minuit • Jazz live : jeu. 21h30-minuit.

❺ CONVENTO DOS CARDAES**

Les sœurs dominicaines ont ouvert au public une partie du couvent, à l'origine propriété des carmélites. Dans l'église du XVIIe s., les murs d'azulejos illustrent la vie de sainte Thérèse d'Ávila. Admirez l'autel, les têtes d'angelots sculptées, et la marqueterie de marbre au sol, typiquement baroque.

En vente à la boutique, confiture de tomates ou gelée de piment fabriquées par les sœurs.

Rua do Século, 123 • ☎ 213 427 525 • Lun.-sam. 14h30-17h30 (f. août) • Entrée plein tarif : 4 €.

❻ PRAÇA DAS FLORES**

Laissez la pente vous guider et descendez la rue de São Marçal, vous ne serez pas déçu du voyage ! Vous voici sur l'une des places les plus suggestives de Lisbonne. Vous vous croirez soudain dans un petit village paisible où le temps s'est arrêté : on prend le frais assis sur les bancs, on lit son journal, on regarde la fontaine en écoutant les rires des enfants. Et si l'humeur vous en dit, vous pourrez également y manger.

❼ ENTRE TANTO**

Moins spectaculaire qu'Embaixada, cet autre concept store n'en est pas moins une chouette galerie marchande pour faire son shopping mode ou déco. Cette grande

maison typique de l'architecture pombaline est une mine d'idées à cueillir de pièce en pièce avec pas moins d'une trentaine de détaillants et trois espaces dédiés aux pauses gourmandes.

Rua da Escola Politécnica, 42 • ☎ 961 204 571 • www.entretanto.pt • T. l. j. 12h-20h (restauration 10h-2h).

8 JARDIM BOTÂNICO*

Un endroit à l'atmosphère délicate et surannée, due en partie à la présence de l'ancien observatoire (XIXe s.). Le Jardin botanique de la faculté des sciences, fondé en 1873, invite à la flânerie autour de palmiers du monde entier, d'un *ginkgo biloba*, d'euphorbes, de géraniums de Madère, de lilas ou de tamaris. Les enfants aimeront la maison des papillons (avr.-sept. : mar.-ven. : 10h-13h, 14h-17h, w.-e. 11h-13h, 14h-18h).

Rua da Escola Politécnica, 58 • ☎ 213 921 800 • www.museus.ulisboa.pt • T. l. j. 9h-20h (en hiver : lun.-ven. et j. f. 9h-17h, w.-e. 9h-18h) • Entrée plein tarif : 2 € (gratuit sam.-dim. avant 11h).

6 De l'Alfama au Castelo, L'ÂME DE LISBONNE

Restos, bistrots p. 129 | Bars, clubs p. 149 | Boutiques p. 177

Berceau de l'Olisipo romaine, le plus vieux quartier de Lisbonne, seul rescapé du séisme, a conservé de son passé arabe et juif le tracé labyrinthique des médinas. Au hasard de petits escaliers et de ruelles où papotent de vieilles dames en noir et où le linge sèche aux fenêtres, ce *bairro* populaire de pêcheurs et d'artisans dévoile son charme sur fond de mélodies poignantes s'échappant de *casas de fado* et de fumées de sardines grillées.

❶ IGREJA NOSSA SENHORA DA CONCEIÇÃO VELHA★

Du XVIe s., seuls la façade et le portail de l'église Notre-Dame-de-la-Vieille-Conception ont survécu au tremblement de terre de 1755. Prenez le recul nécessaire pour admirer les sculptures dans le plus pur style manuélin et cherchez la Vierge qui protège Manuel Ier sous son grand manteau.

Rua da Alfândega, 112-114 • ☎ 218 870 202 • T. l. j. 9h-18h.

❷ CONSERVEIRA DE LISBOA★★★

Fréquentée par les Lisboètes de génération en génération, cette échoppe spécialisée dans les conserves est tenue par la même famille depuis 1930. Derrière le vieux comptoir en bois s'empilent les boîtes de conserve de thon des Açores, de sardines, de morue, de maquereau ou de poulpe (1,50-7 €), emballées dans du papier rétro. On y trouve aussi le caviar portugais : des œufs de sardines ! Une deuxième boutique au Mercado de Ribeira (t. l. j. 10h-23h, voir p. 67).

Rua dos Bacalhoeiros, 34 • ☎ 218 864 009 • www.conserveiradelisboa.pt • Lun.-sam. 9h-19h.

❸ IGREJA E MUSEU SANTO ANTÓNIO★

Cette église a été édifiée à l'emplacement supposé de la maison natale de saint Antoine de Padoue. Elle renferme la statue portée en procession dans les rues de l'Alfama lors de sa fête (voir p. 18) et un musée sur la vie du saint.

Largo de Santo António da Sé • ☎ 218 860 447 • Église : T. l. j. 8h-19h30 • Musée : mar.-dim. 10h-13h et 14h-18h • Entrée libre.

❹ CATEDRAL SÉ PATRIARCAL★★

La cathédrale Sé, abréviation de *Sedes episcopales,* abrite le siège de l'évêché. Peu après la conquête de Lisbonne, le roi dom Afonso Henriques (1128-1185), fondateur de l'État portugais, ordonna l'édification d'une église chrétienne à l'emplacement de l'ancienne mosquée.

Bien qu'elle ait subi, depuis, beaucoup de modifications, elle a conservé ses tours romanes du XIIe s. L'intérieur est austère, presque vide, mis à part le tombeau de saint Vincent, patron de la ville, et les fonts baptismaux où saint Antoine de Padoue aurait été baptisé.

Largo de Santo António da Sé • ☎ 218 876 628 • Église : mar.-sam. 9h-19h, dim.-lun. 9h-17h (entrée libre) • Trésor : lun.-sam. 10h-17h (f. j. f.) • Cloître : mai-sept. lun. 10h-17h, mar.-sam. 10h-18h30 ; oct.-avr. lun.-sam. 10h-17h • Entrée plein tarif (trésor ou cloître) : 2,50 € (4 € les deux).

❺ CASA DOS BICOS-FUNDAÇÃO JOSÉ SARAMAGO*

L'Alfama était jadis un quartier noble, comme en témoigne cette riche demeure, bâtie vers 1523 par le fils du vice-roi des Indes.

Petit lexique du promeneur de l'Alfama

Les noms des rues sont déjà une invitation à la promenade... Pour vous y retrouver :

Beco : littéralement le « bec », ruelle tortueuse et étroite qui peut se transformer en impasse.

Calçada ou calçadinha : chaussée, par extension petite montée... souvent assez raide.

Travessa : rue transversale, souvent à emprunter à pied.

Escadinhas : petits escaliers (*escadas* pour « escaliers ») : prenez votre souffle avant de vous y engager.

Pátio : cour généralement au bout d'une voie sans issue.

❻ Pour une pause bohème : Pois, Café**

Qui aurait cru trouver un café autrichien en plein cœur de l'Alfama ? La salle, belle, lumineuse et haute de plafond, est envahie de chaises colorées, de tables de cuisine, de vieux fauteuils dépareillés et de sofas pour feuilleter l'un des nombreux livres ou magazines à disposition. Sandwichs, salades, plats du jour (9-10 €), gâteaux et pâtisseries autrichiennes, ainsi qu'un menu à 9,50 € sont proposés.

Rua de São João da Praça, 93-95 • ☎ 218 862 497 • www.poiscafe.com • Lun. 12h-23h, mar.-dim. 10h-23h (cuisine jusqu'à 22h) • Brunch : T. l. j. 15,40 €.

Elle évoque un palais vénitien avec son étrange façade de pierres taillées en pointes de diamant (plus de 1 000 !). Augmentée d'un étage, la « maison des pointes » abrite la fondation José Saramago (expo permanente dédiée au célèbre auteur portugais, prix Nobel de littérature) et des vestiges archéologiques de l'Olisipo romaine.

Rua dos Bacalhoeiros, 10 • ☎ 218 802 040 • www.josesaramago.org • Lun.-sam. 10h-18h • Entrée plein tarif : 3 €.

❼ CHAFARIZ DE EL-REI*

Datant du XIIIe s., cette fontaine *(chafariz)* publique, reconstruite au XVIIIe s., pourrait bien être la première de la ville. C'est elle qui approvisionnait, au XVIe s., les navires en partance pour les Indes. Avec la chafariz do Dentro (XVIIe s.) au bout de la rua Terreiro do Trigo, il s'agit des deux seules fontaines de ce type encore visibles dans ce quartier. Alfama provient du nom arabe *al-hama*, « fontaine chaude », car le quartier abritait des sources naturelles. Non loin, on accède à la rua da Judiaria (par l'arco do Rosário), dernier témoin de l'ancien quartier juif du XIVe s. Tous les soirs, la porte se refermait, isolant la Judiaria (le ghetto) afin d'éviter tout contact avec les chrétiens. Ce système fut aboli par Manuel Ier en 1496.

Largo do Terreiro do Trigo.

❽ IGREJA E LARGO DE SÃO MIGUEL**

Avec ses deux clochers blancs qui se détachent dans le ciel, cette église dissimule un intérieur baroque tout en dorures, coiffé d'un magnifique plafond peint. Édifiée au XIIe s. puis reconstruite en 1674, elle n'a presque pas subi de dégâts lors du séisme. La place São Miguel devient un lieu enchanteur à la tombée de la nuit...

Ouv. aux heures de culte : mer.-ven. à partir de 17h, dim. à partir de 9h30.

9 MUSEU DO FADO***

Installé dans une ancienne station de pompage des eaux du XIXe s., ce musée est le premier du pays entièrement consacré au fado (voir p. 54-55). Son histoire est illustrée par un parcours audiovisuel jalonné de photographies, d'œuvres d'art représentant les premières scènes de fado, de partitions, de films, de disques, d'instruments et de costumes. Le musée abrite une école, un centre de documentation, un auditorium où sont donnés des spectacles, et une boutique.

Edificio do Recinto da Praia, Largo do Chafariz de Dentro, 1 • ☎ 218 823 470 • www.museudofado.pt • Mar.-dim. 10h-18h (f. 1er janv., 1er mai et 25 déc.) • Entrée plein tarif, audioguide inclus : 5 €.

10 IGREJA ET LARGO DE SANTO ESTÊVÃO*

Le belvédère auquel on accède par les charmants *escadinhas* (escaliers) de Santo Estêvão ménage une jolie vue sur les toits de l'Alfama. Si, par chance, l'église est ouverte, allez jeter un œil au chœur et à la belle statue de bois polychrome de Thérèse d'Ávila dans la sacristie. Fondée au XIIe s., remaniée plusieurs fois, elle présente un plan octogonal unique à Lisbonne.

11 MIRADOURO DE SANTA LUZIA***

À côté de l'igreja de Santa Luzia s'étend un charmant jardin. Sous ses arcades, les joueurs de cartes du quartier disputent des parties acharnées, indifférents aux touristes ! Du belvédère, vous aurez une vue splendide sur les toits de l'Alfama, les clochers blancs de l'Igreja

de São Miguel et la mer de Paille (nom donné au Tage en raison des reflets mordorés du soleil sur ses eaux).

⓬ MUSEU DE ARTES DECORATIVAS★★★

Le musée est installé dans l'ancien palais des vicomtes d'Azurara, racheté en 1947 par Ricardo do Espírito Santo Silva. Banquier et mécène portugais, il restaura l'édifice dans le style d'une demeure aristocratique et le décora avec ses collections privées. Vous visiterez donc un palais typique du XVIIIe s. avec ses lambris d'azulejos et ses plafonds en bois peint, décoré de superbes meubles indo-portugais, de tapis d'Arraiolos des XVIIe et XVIIIe s. et de porcelaines de Chine. Il s'agit aussi d'un musée-école destiné à préserver les arts décoratifs et leurs techniques traditionnelles. Vous pouvez même participer à un des ateliers de la fondation, notamment celui de reliure. Agréable patio pour déjeuner.

Largo das Portas do Sol, 2 • ☎ 218 814 600 • www.fress.pt • Musée : mer.-lun. 10h-17h (f. 1er janv., 1er mai et 25 déc.) • Entrée plein tarif : 4 € • Atelier (sur résa) lun.-ven. 9h30-17h, 30-50 €/pers.

⓭ Pour une pause au soleil : Quiosque Portas do Sol★★

Après la grimpette, ressourcez-vous à la buvette du **miradouro das Portas do Sol**, tout près de la statue de saint Vincent, le saint patron de Lisbonne. De la terrasse, panorama sublime sur les quartiers de São Vicente et de l'Alfama. La façade blanche du monastère Saint-Vincent et le dôme du Panthéon national surgissent d'un chaos de toits rouges dégringolant jusqu'au Tage.

Largo das Portas do Sol • T. l. j. 10h-jusqu'au coucher du soleil (22h/minuit en été).

⓮ CASTELO DE SÃO JORGE★★★

Il ne reste plus que des vestiges du château Saint-Georges. Envahie de pins parasols et de jacarandas, la citadelle médiévale dégage une certaine magie. Détruits en grande partie par le séisme de 1755, les remparts crénelés sont un pastiche médiéval du XXe s., du haut desquels on profite des plus beaux panoramas sur la ville. Le site accueille une boutique de souvenirs, un café et le restaurant haut de gamme Casa do Leão (t. l. j. 12h30-15h et 20h-22h30).

Histoire

Phéniciens, Carthaginois et Romains occupèrent tour à tour ce site stratégique, puis Wisigoths et Maures y établirent leur forteresse. Conquis en 1147 par dom Afonso Henriques, le château connut son âge d'or du XIIIe au XVIe s. comme résidence royale. Après le transfert de la Cour sur les rives du Tage sous Manuel Ier au XVIe s., le château tomba dans l'oubli, puis servit de quartier militaire et de prison. Salazar le fit rénover en 1938.

Le jardin des ruines

L'entrée du site s'ouvre sur une vaste esplanade où trône une statue de dom Afonso Henriques, le premier roi du Portugal. Habités par les canards et les paons qui se pavanent, les jardins, jonchés de vieilles pierres et romantiques à souhait, furent aménagés en 1942. Aujourd'hui, on s'y retrouve pour jouer aux cartes.

Le palais royal

Du Paço Real da Alcáçova, où résidaient les souverains portugais, il ne reste plus qu'une belle salle avec des arcs gothiques. Un film sur l'histoire de Lisbonne y est projeté. Les salles attenantes abritent un petit musée archéologique, et des

expositions temporaires ont lieu dans les anciennes prisons.

Le *castelo* et le chemin de ronde

L'ancien château se résume aujourd'hui à d'épaisses murailles crénelées flanquées de onze tours de guet. La balade sur le chemin de ronde ménage différents points de vue sur le Tage, la cathédrale et le pont du 25-Avril. Soyez prudent, surtout avec des enfants. Au nord-est, près des fouilles archéologiques, la porte de Martim Moniz rappelle le dévouement du vaillant chevalier qui empêcha les Maures de refermer cette porte sur les soldats portugais.

Câmara Escura

La Torre de Ulisses (tour d'Ulysse) abritait jadis le trésor royal. Un périscope (t. l. j. 10h-17h30) permet d'y observer la ville à 360°. Inventé par Léonard de Vinci au XVIe s., c'est le seul système d'optique de ce genre au Portugal.

Rua de Santa Cruz do Castelo • ☎ 218 800 620 • www.castelodesaojorge.pt • Mars-oct. : t. l. j. 9h-21h ; nov.-fév. : t. l. j. 9h-18h (f. 1er janv., 1er mai, 24, 25 et 31 déc.) • Visite guidée gratuite en anglais, en espagnol et en portugais, selon l'affluence : t. l. j. 13h et 16h (confirmer par tél.) • Entrée plein tarif : 8,50 €.

⓯ SANTA CRUZ★★

Aux portes du castelo de São Jorge, le petit quartier de Santa Cruz dessine un charmant lacis de ruelles étroites et pavées, bordées de maisons typiques aux balcons en fer forgé. Les icônes religieuses, les perruches en cage, les décorations kitsch, les fleurs et les plantes grimpantes dissimulent habilement les murs délabrés. Une promenade pittoresque.

Le fado

Mélopée triste et langoureuse qui exprime toute la *saudade* de l'âme portugaise, le fado ne peut laisser de marbre... Que les chanteurs soient professionnels ou amateurs, à Lisbonne, il faut assister sans faute à une soirée fado.

À L'ORIGINE

Les avis divergent quant aux origines du fado. On parle de chants nés sur les bateaux, exprimant **la nostalgie de marins** qui rêvaient d'un hypothétique retour au pays. On évoque aussi des **mélodies venant du Brésil ou de l'Afrique.** Quoi qu'il en soit, le fado apparaît à Lisbonne au XVIIIe s. comme une danse très sensuelle inspirée de la danse du ventre africaine. Il se transforme peu à peu en une mélodie poétique accompagnée d'arrangements musicaux à la guitare.

SAUDADE ET SÉBASTIANISME

« Fado » vient du latin *fatum*, le destin, et il exprime un sentiment proche du blues: la *saudade*, expression nostalgique d'un passé heureux et en même temps l'impuissance face au temps qui passe. Mais le fado s'alimente aussi d'un curieux espoir puisé dans une vieille légende: le sébastianisme. Le jeune roi Sebastião Ier ne serait pas vraiment mort dans la désastreuse croisade contre les Arabes en 1578; il devrait revenir un jour sauver son pays et lui rendre sa gloire passée!

POPULAIRE ET LISBOÈTE

Pour les Lisboètes, il n'y a de « vrai » fado qu'à Lisbonne et c'est un art de la rue. Ici, hommes et femmes des quartiers populaires se réunissent dans des tavernes et se transforment en chanteurs d'un soir pour exprimer la beauté de leur ville, les souffrances de l'amour, la pauvreté ou l'exil...

UNE MISE EN SCÈNE TRÈS MÉLO

Le *fadisto* ou la *fadista* (chanteur ou chanteuse de fado) entre en scène tout de noir vêtu. Il se campe, bien droit entre ses musiciens, la tête haute et le regard lointain. Le voilà prêt. Les deux *guitarras*, instruments à douze cordes typiquement portugais, produisent des sons un peu métalliques qui accompagnent toute la mélodie comme de longs sanglots. Heureusement, les *violas* (guitares espagnoles) sont là pour donner quelques notes d'espoir...

FADO CHIC...

Attention, il y a fado et fado ! Si vous optez pour le restaurant-fado typique, version chic, vous dînerez sous une lumière tamisée en écoutant différents artistes. Ces endroits sont souvent chers et touristiques. Il faut donc bien choisir pour être sûr d'en avoir pour son argent : spectacle de qualité avec des chanteurs professionnels et bonne cuisine. C'est le cas du **Sr. Vinho** (p. 157) dans le quartier de Lapa, boîte de la célèbre fadista Maria da Fé, aujourd'hui directrice artistique... ou de la **Parreirinha** (p. 149) dans l'Alfama, tenue pendant longtemps par sa rivale, Argentina Santos, et où se produisent des grands noms du fado.

... OU FADO CHOC

Si un spectacle « pro » ne vous branche pas, allez à la recherche de l'authentique *fado vadio* (amateur) dans le Bairro Alto ou l'Alfama. À vous de dénicher la *tasca* (bistrot) où vous écouterez du « vrai » fado, celui qui fait vibrer les cœurs populaires... Il s'agit souvent de boîtes minuscules, qui ne paient pas de mine, où la population du quartier vient chanter après 23h. Pas question de vous asseoir confortablement et d'attendre qu'on vous serve. C'est debout, votre verre d'*aguardente velha* (eau-de-vie vieillie) à la main, que vous apprécierez ces mélodies.

Discothèque idéale

Du côté des mythes, achetez sans hésiter les disques d'**Amália Rodrigues,** la grande dame du fado. **Maria da Fé** et **Argentina Santos,** ou **Carlos do Carmo** chez les hommes, constituent aussi des valeurs sûres. Pour découvrir la jeune génération qui s'est inspirée des airs de fado en les modernisant, **Mariza** *(Terra, Fado tradicional...)*, phénomène international du new fado, et **Ana Moura** sont toutes deux en tête d'affiche de la scène actuelle. Citons aussi **Madredeus,** le groupe d'**Ana Salgueiro,** célèbre depuis qu'il a mis en musique le film de Wim Wenders, *Lisbon Story*, ou encore les voix magiques de **Dulces Pontes** *(Caminhos, Lágrimas...)*, de **Mísia** *(Tanto menos tanto mais)*, d'**Amélia Mude** *(Todos os dias)*, de **Paulo Bragança,** le plus décalé des fadistes contemporains. Pour en savoir plus, foncez au **Museu do Fado** (voir p. 50).

7 São Vicente ET SANTA APOLÓNIA

Restos, bistrots p. 130 | Bars, clubs p. 152 | Boutiques p. 180

Réviser les *Fables* de La Fontaine dans un monastère, chiner ou rendre hommage à la grande *fadista* Amália... autant de raisons d'explorer le quartier de Saint-Vincent, niché entre l'Alfama et Graça. En descendant vers le Tage, on retrouve la Lisbonne des docks autour de la gare Santa Apolónia, où les entrepôts du Cais da Pedra se sont métamorphosés en boutiques design et restaurants branchés. On s'attarde aux terrasses au bord de l'eau...

1 MOSTEIRO DE SÃO VICENTE DE FORA**

Le premier monastère dédié à saint Vincent remonte au XIIe s., date à laquelle il accueillit le jeune Antoine (le futur saint, voir p. 47) pendant les premières années de son engagement spirituel. C'est sur ce site que l'actuel bâtiment a été

édifié au XVIe s. Malgré les cloîtres successifs couverts d'azulejos bleu et blanc représentant les *Fables* de La Fontaine et la conquête de Lisbonne, l'ambiance est assez austère.

Calçada de São Vicente • ☎ 218 810 500 • Mar.-dim. 10h-18h • Entrée plein tarif : 4 €.

❷ CENTRO DES ARTES CULINÁRIAS*

Sous la halle du marché Santa Clara, le centre des Arts culinaires veille à la conservation du patrimoine gastronomique portugais et fait la promotion des petits producteurs. Entre ateliers de cuisine et animations (expos, balades gourmandes...), vous pourrez remplir votre panier de nougat aux figues (4,50 €), de mandarines au sirop, d'olives, de miel et de vins de vieux cépages à prix raisonnables.

Campo de Santa Clara • ☎ 218 860 077 • www.centrodasartesculinarias.org • Mar.-dim. 10h-18h.

❸ IGREJA DE SANTA ENGRÁCIA-PANTEÃO NACIONAL*

Il fallut trois siècles pour achever cette église massive et peu esthétique. D'où l'expression populaire « *obra de Santa*

❹ Pour une pause brunch sur les quais : DeliDelux**

Cette épicerie tendance occupe un vieil entrepôt rénové du Cais da Pedra où les bateaux de croisière viennent jeter l'ancre. Dans les rayons bien alignés, conserves, alcools, chocolats et autres douceurs au conditionnement chic. Flanqué d'une terrasse, son petit café gourmand propose des plats renouvelés chaque jour en semaine. Brunch (env. 17 €) très couru le week-end !

Avenida Infante D. Henrique, Armazém B, Loja 8 • ☎ 218 862 070 • www.delidelux.pt • Dim.-jeu. 10h-23h, ven. et sam. 10h-minuit.

Engrácia » pour désigner les travaux qui traînent trop en longueur. L'intérieur abrite les cénotaphes de grands hommes du pays dont Henri, dit « le Navigateur », ou Afonso de Albuquerque, et le tombeau d'Amália Rodrigues, première femme à y avoir été inhumée.

Campo de Santa Clara • ☎ 218 854 820 • Mar.-dim. 10h-17h • Entrée plein tarif : 4 € (gratuit 1er dim. du mois jusqu'à 14h).

❺ MUSEU DA ÁGUA**

Avec la croissance de Lisbonne au XIXe s., l'aqueduc das Águas Livres (voir p. 83) ne suffisait plus pour distribuer l'eau. Une deuxième source fut captée en dehors de la ville et acheminée ici de 1880 à 1930. Le musée de l'Eau a conservé intacte sa station de pompage, avec ses quatre pompes en état de fonctionnement – la démonstration est un moment phare de la visite.

Rua do Alviela, 12 • ☎ 218 100 215 • http://museudaagua.blogspot.pt • Mar.-sam. 10h-12h30, 13h30-17h30 (f. j. f.) • Entrée plein tarif : 5 €.

❻ MUSEU NACIONAL DO AZULEJO***

Lorsque vous atteindrez l'igreja da Madre de Deus, ne passez pas votre chemin car ce couvent manuélin abrite le fameux musée de l'Azulejo. Vous y découvrirez ces magnifiques carreaux de faïence, depuis leurs débuts mauresques au XVe s. jusqu'à nos jours. Fondé par la reine dona Leonor en 1509, ce couvent fut détruit par le tremblement de terre. Reconstruit au XVIIIe s. dans un style baroque, il ne reste que l'église pour témoigner de l'exubérance décorative de l'époque. Vous flânerez de cloître en cloître à la découverte des premiers carreaux d'inspiration mauresque jusqu'aux azulejos contemporains.

L'azulejo

Cette décoration portugaise est partout, courant sur les murs et les sols de la ville. Sa technique de fabrication et ses motifs évoluent au fil du temps et des modes, donnant naissance à une variété très riche (voir p. 60-61). Après la visite du musée, il vous sera facile de distinguer les différentes techniques en observant les nombreux azulejos de la ville.

Le portail manuélin

Restauré par le sculpteur João Maria Nepomuceno en 1872, ce portail est encadré par deux piliers formés de colonnettes torses et chapeauté des emblèmes de dona Leonor et du roi João II.

L'église

Commencez la visite de l'église par le chœur. Jetez un coup d'œil à son plafond recouvert de tableaux des XVIe et XVIIe s. Les bas-côtés exposent des carreaux sévillans du XVIe s. Les azulejos de la sacristie sont l'œuvre de Gonçalves.

Le petit cloître manuélin

Vestige du couvent d'origine, il est retapissé de magnifiques faïences d'inspiration mudéjare aux motifs géométriques et floraux, ajoutées au XVIIe s.

Vue de Lisbonne

Une superbe vue de Lisbonne en bleu et blanc recouvre un mur du grand cloître. Ce panneau du XVIIIe s., qui représente la ville avant le séisme, fut attribué sans certitude à Gabriel del Barco. Après la visite du musée, installez-vous dans l'élégant patio pour déguster salades, quiches ou crêpes.

Igreja da Madre de Deus, Rua da Madre de Deus, 4, bus 759 et 794, arrêts Madre de Deus et Igreja Madre de Deus • ☎ 218 100 340 • www.museudoazulejo.pt • Mar.-dim. 10h-18h (f. dim. de Pâques, 1er mai, 25 déc. et vac. du Nouvel An) • Entrée plein tarif : 5 € (gratuit 1er dim. du mois).

Azulejos

Jusqu'au XVIe s., les Portugais importent des carreaux de faïence exécutés à Séville par les artisans maures. L'arrivée d'artistes italiens à Lisbonne vers 1550 permet de combiner le support du carreau très en vogue et la technique de la faïence émaillée : l'azulejo portugais est né, et promis à un bel avenir !

UN ART DÉCORATIF OMNIPRÉSENT

En 1580, le Portugal est sous la dépendance de l'Espagne ; la Cour et son cortège d'artistes résident alors à Madrid. Au Portugal, les fonds manquent et l'Église est le seul client. L'azulejo, peu cher et facile d'entretien, remplace alors tableaux, tapis, sculptures et bas-reliefs. Puis on y prend goût et l'on en couvre les églises, les hôpitaux, les palais, les villas. L'azulejo gagne les terrasses, les jardins et les façades. Aujourd'hui, il reste le matériau de prédilection de la décoration portugaise.

COULEURS ET MOTIFS À TRAVERS LES SIÈCLES

XVIe et début XVIIe s. : polychromie, motifs figuratifs. **XVIIe s. :** bleu et jaune, géométriques, *padrão*. **Fin XVIIe, milieu XVIIIe s. :** bleu et blanc, *figura avulsa* (fleurs, oiseaux...) et *painéis* représentant des scènes de Cour, de chasse, des fêtes galantes, la vie de saints. **Milieu XVIIIe et XIXe s. :** polychromie, *registros* et *painéis* (représentant des scènes de genre, thèmes de la vie quotidienne et du commerce). **XXe s. :** polychromie, motifs contemporains, abstraits.

Les mots pour le dire

Azulejos : vient du persan *Az-zulaïj*, qui signifie « pierre polie ». Prononcez « azouléjouch » avec un « j » à la française.

***Figura avulsa* :** motif isolé, souvent simpliste, œuvre d'apprentis.

***Padrão* :** motif effectué sur quatre azulejos (ou 16 ou 32...), répété à l'infini.

Painel (pl. *painéis*) **:** signifie « puzzle » et désigne plusieurs carreaux peints ensemble et formant un tableau.

***Registros* :** médaillons d'un saint, au-dessus des porches.

AUJOURD'HUI COMME HIER

On part toujours d'un **support d'argile** mis au carré et cuit entre 850 et 1000 °C, puis **recouvert d'émail** cru. Le motif est décalqué au graphite et peint avec des oxydes métalliques à l'aide de pinceaux en poils d'oreilles de bœuf, en prenant

soin de ne jamais toucher le motif avec les mains. Avant la cuisson, les bleus (cobalt) sont souvent mauves, et les verts (cuivre) grisâtres : seuls les jaunes (antimoine) et les bruns (manganèse) se reconnaissent. Les puzzles sont peints sur de grands chevalets et, une fois finis, ils sont démontés, numérotés et disposés sur des plaques à l'intérieur du four.

SAVOIR LES RECONNAÎTRE

La valeur de l'azulejo dépend du support et du motif décoratif. En général, les **carreaux industriels** sont imprimés automatiquement (pour les grandes surfaces), ou au pochoir (pour les frises), mais ils peuvent aussi être peints à la main (pour les objets décoratifs). Les **carreaux manuels ou semi-manuels** sont toujours peints à la main. Pour les reconnaître, examinez les dessins et les couleurs : un carreau peint à la main ne sera jamais parfait, c'est ce qui fait son charme ! Manuels et semi-manuels ont un fond rosé ou jaune irrégulier, avec un aspect bosselé. Les carreaux industriels ont un fond blanc ou crème, régulier.

AZULEJOS : QU'EN FAIRE ?

Traditionnellement, on les pose aux murs ou sur le sol (salles de bains ou cuisines), on en couvre les tables... On peut les présenter sur des supports en bois verni ou peint, en liège (cadres, dessous-de-plat, tableaux...), en fer forgé (tables...), ou sur une base acrylique à suspendre ou à poser. Pour les fixer, on utilise du ciment-colle pour les murs et les sols, une colle silicone pour un support en acrylique et de la colle à bois pour les objets et les cadres.

Ouvrez les yeux !

- **Les plus belles façades :** Casa do Ferreira das Tabuletas (voir p. 36 et 37), Fábrica Viúva Lamego (voir p. 63).
- **Les plus beaux carreaux :** Museu Nacional do Azulejo (voir p. 58), Igreja de São Roque (voir p. 39), Mosteiro de São Vicente (voir p. 56), Mosteiro dos Jerónimos (voir p. 90), Convento dos Cardaes (voir p. 44), Museu de Lisboa (voir p. 96), Palácio dos Marqueses de Fronteira (voir p. 98), Palácio Nacional de Sintra (voir p. 106).
- **Voir aussi nos meilleures adresses p. 185.**

8 Graça et la Mouraria, UN MIX DE CULTURES

Restos, bistrots p. 131 | Bars, clubs p. 152 | Boutiques p. 181

En pleine renaissance, le quartier maure du Moyen Âge, berceau du fado, incarne le Lisbonne cosmopolite. La colline de Graça accueille villas et cités ouvrières du XIXe s, les pittoresques ruelles de la Mouraria serpentent à ses pieds. Cafés bohèmes et boutiques créatives s'y implantent à l'abri des touristes.

❶ IGREJA DE SÃO CRISTÓVÃO★★

Bâtie au XIIIe s., reconstruite au XVIe s. après un incendie, l'église Saint-Christophe a résisté au séisme de 1755 et renferme de sublimes peintures. Jadis, les marins venaient y prier le saint patron des voyageurs avant d'embarquer pour le Nouveau Monde.

Largo de São Cristóvão • ☎ 910 009 896 • Lun.-sam. 10h-18h, dim. 10h-13h • Entrée libre.

❷ VILA SOUSA ET VILA BERTA*

Entre 1880 et 1900 apparurent les *vilas plurifamiliares de habitação econômica* à l'initiative d'industries pour loger les ouvriers. Recouverte d'azulejos turquoise, la vila Sousa en est un bel exemple et préfigure en quelque sorte nos HLM. La vila Berta est, elle, une silencieuse allée bordée de maisonnettes fleuries et de jardins privatifs.

Largo da Graça, 82 et rua do Sol à Graça, 57-59 (allée privée).

❸ MIRADOURO DA GRAÇA***

Il faut grimper jusqu'à ce promontoire spectaculaire où s'élève l'église Nossa Senhora da Graça, fondée au XIIe s. puis reconstruite au XVIIIe s. Après avoir profité du belvédère et de sa terrasse de café, on peut emprunter le caracol da Graça (*caracol* signifie « escargot »), un escalier pittoresque en zigzag qui mène au quartier de la Mouraria.

Largo da Graça.

❺ MIRADOURO DA SENHORA DO MONTE***

Devant la petite chapelle Senhora do Monte, c'est le plus haut belvédère de Lisbonne – le plus secret aussi. Assis à l'ombre des pins, travelling sur les quartiers nord de Lisbonne, la vieille ville, le Castelo et le Tage. Charmant au crépuscule.

Largo do Monte.

❻ FÁBRICA VIÚVA LAMEGO***

Réalisée par Ferreira das Tabuletas, la façade d'azulejos de cette fabrique créée en 1849 est l'un des plus beaux exemples de l'art de l'azulejo du XIXe s. Derrière la maison, l'ancien atelier abrite aujourd'hui la belle boutique de souvenirs A Vida Portuguesa (voir p. 181).

Largo do Intendente Pina Manique, 25.

❹ Pour une pause exotique : Mercado de Fusão*

Symbole du renouveau du quartier, ce marché aligne une dizaine de kiosques gourmands pour goûter aux saveurs de l'Argentine, du Japon, du Bangladesh ou du Brésil. Un marché (alimentation, vêtements...) y fleurit chaque week-end, et des animations s'y déroulent toute l'année.

Largo Martim Moniz • ☎ 927 943 671 • www.ncs.pt • Dim.-jeu. 11h-22h, ven.-sam. 11h-minuit.

Elétricos, *ascensores* et *miradouros*

Sept collines à grimper, autant à descendre ! Un conseil, prenez les *ascensores* (funiculaires) ou les *elétricos* (tramways) sans hésiter. À l'intérieur, vous dodelinerez tous en cadence... et une fois arrivé à bon port, tout en haut, quel enchantement depuis les célèbres *miradouros* (belvédères) de Lisbonne !

LES *ELÉTRICOS*

Le ballet incessant des vieux tramways jaunes qui gravissent les collines de Lisbonne fascine toujours autant. Indissociables de la ville blanche, ils sont devenus une attraction pour les touristes. À peine arrivé des usines de Philadelphie, le premier ***elétrico*** de Lisbonne fut inauguré le 31 août 1901 à 6h du matin. La « machine infernale » a vite été adoptée par les Lisboètes. Seulement cinq lignes sur les dix-sept autrefois en activité sont toujours en service (voir p. 191).

VOYAGES VINTAGE

Avec leur habitacle de bois et leurs petites banquettes en moleskine, certains n'ont guère changé, si ce n'est qu'ils sont de plus en plus recouverts de publicités. Plus qu'une balade qui livre des points de vue inattendus sur la ville, prendre les tramways de Lisbonne représente un **authentique voyage dans le temps.** Seule la ligne 15E dispose de tramways modernes, plus confortables mais dépourvus de charme.

LE TRAM 28, UNE LÉGENDE

Certains parcours sont spectaculaires, comme celui du **mythique tram 28** qui se faufile à vive allure dans les ruelles et affronte des pentes très sévères ! Il parcourt **les plus beaux quartiers historiques** de Lisbonne : Graça, Alfama, Baixa, Chiado. C'est l'un des meilleurs moyens de découvrir la ville, sauf, bien sûr, aux heures de pointe (8h30-9h30 et 16h30-18h30). Observez le machiniste, les passagers et les gamins qui s'agrippent aux marchepieds : c'est un vrai spectacle ! Pour plus de confort, il existe un circuit commenté à bord d'un tramway touristique rouge (voir p. 194), mais c'est beaucoup plus cher.

INDISPENSABLES *ASCENSORES*

Parcourir Lisbonne serait impossible sans ces funiculaires à crémaillère qui vous emmènent en un instant quelques mètres plus haut (voir p. 191). Jaunes comme les tramways, les vieux *ascensores* ont été mis en service à la fin du XIXe s. et sont classés Monuments historiques depuis 2002. Le plus pratique : l'**Ascensor da Glória** (D3) vous conduit de l'avenida da Liberdade au Bairro Alto, à deux pas du Miradouro de São Pedro de Alcântara. Le plus magique : l'**Ascensor do Lavra** (D3) part de la rua das Portas de São Antão puis monte pour arriver... pratiquement nulle part. Mais quel spectacle ! Le plus secret : l'**Ascensor da Bica** (D4), caché à l'ombre d'un porche de la rua da Boa Vista, conduit du Cais do Sodré au cœur du quartier de Santa Catarina... Autre curiosité : l'**Elevador de Santa Justa.** Inauguré en 1902, cet ascenseur vertical, unique à Lisbonne, est l'œuvre de l'architecte Raoul Mesnier du Ponsard, un disciple d'Eiffel. Cette carcasse de fer néogothique mène à une terrasse de café offrant une superbe vue sur la ville basse et le Castelo.

LISBONNE VUE DU CIEL

Lisbonne est la ville des ***miradouros !*** On regarde la ville à ses pieds, puis le fleuve un peu plus loin : on devine l'Océan et on imagine l'Amérique. Certains endroits s'y prêtent tout particulièrement, comme les **Miradouros de Graça, de Nossa Senhora do Monte, de Santa Luzia, de São Pedro de Alcântara, du Castelo, de Santa Catarina, du Museu de Arte Antiga,** sans parler de tous les points de vue que vous découvrirez vous-même au hasard d'un escalier, d'une petite église ou d'un porche.

La ville aux 7 collines...

« Sur 7 collines qui sont autant de points d'observation d'où l'on peut contempler de magnifiques panoramas, s'éparpille, vaste, irrégulière et multicolore, la masse de maisons qui constitue Lisbonne. Pour le voyageur qui arrive par la mer, Lisbonne, même de loin, s'élève comme une ravissante vision de rêve, et se découpe clairement contre le bleu vif du ciel que le soleil réchauffe de son or. Les dômes, les monuments, les vieux châteaux font saillie au-dessus du fouillis de maisons. »

Fernando Pessoa, *Lisbonne.*

9 Cais do Sodré et Bica, LA BOHÈME LISBOÈTE

Restos, bistrots p. 132 | Bars, clubs p. 153 | Boutiques p. 182

Le Cais (quai) do Sodré (prononcez « caïch dou sodré ») est le quartier mythique du vieux port de Lisbonne, celui des caravelles en partance pour des contrées inconnues. En retrait du Tage, les ruelles au passé sulfureux, hantées par le souvenir des marins et des femmes de petite vertu, sont désormais le nid de la *movida* lisboète. Plus haut, c'est Bica, vieux quartier de pêcheurs peu exploré mais attachant.

1 CAIS DO SODRÉ★

Conservant son rôle de zone de transit, le Cais do Sodré a troqué ses caravelles contre une armada de tramways, trains et ferrys chargés de banlieusards.
On s'échappe facilement de

l'agitation qui règne autour de la gare en flânant sur le passeio Ribeira das Naus, promenade aménagée le long du Tage avec sa plage de pierre propice aux bains de soleil. Les plus aventuriers s'enticheront du parfum décadent de la vieille cité portuaire le long de la rua Nova do Carvalho, où maisons closes et échoppes décaties se sont transformées en lieux créatifs, bars bohèmes et clubs branchés. L'un des lieux prisés des nuits lisboètes !

❷ LOJA DAS CONSERVAS★★

Des piles et des piles de boîtes de sardines ! La boutique officielle de l'association nationale des conserveries de poisson propose les produits d'une vingtaine de producteurs. Outre les *sardinhas*, on trouve du maquereau et des anguilles à toutes les sauces ainsi que des pâtés de poisson aux emballages rétro (autour de 3 €). Deuxième boutique plus intimiste à Príncipe Real (praça das Flores, 62).

Rua do Arsenal, 130 • ☎ 911 181 210 • T. l. j. 10h-21h (20h en hiver), dim. 12h-20h.

❸ Pour une pause *fooding* au marché : Mercado da Ribeira★★★

Sous les grandes halles métalliques des années 1930, le vieux marché populaire de Ribeira voisine désormais avec le nouveau temple du *fooding* lisboète. Dans ce gigantesque *food hall* mijote le meilleur de la cuisine locale autour de grandes tables communes : cuisine de chef, *petiscos*, burgers gastronomiques, charcuterie portugaise, conserves de sardines, glaces... à piocher selon l'envie et à déguster sur place, sur les grandes tables ! Une pause chaleureuse et sympathique.

Avenida 24 de Julho • *Food hall* : dim.-mer. 10h-minuit, jeu.-sam. 10h-2h • Marché alimentaire : lun.-sam. 6h-14h.

❹ ASCENSOR DA BICA★★

Impossible de ne pas faire une halte devant l'icône du quartier. Le dernier-né des funiculaires lisboètes affronte la rue la plus pentue de la ville depuis 1892 et permet de relier le Cais do Sodré au Bairro Alto sur fond de maisons pastel et de vues sur le Tage. Il faudra en revanche user vos semelles pour arpenter de nuit la rua da Bica de Duarte Belo et son enfilade de bars, bien dissimulés en journée...

Rua da Bica de Duarte Belo • Montée : rua de São Paulo • Descente : largo de Calhariz • Lun.-sam. 7h-21h, dim. 9h-21h • Aller-retour : 3,60 €. **Voir Carnet pratique p. 191.**

❺ MIRADOURO DE SANTA CATARINA DO ADAMASTOR★★

Du belvédère de Santa Catarina, on contemple les bateaux glissant sur la mer de Paille, le Cristo del Rei et le pont du 25-Avril en toile de fond. Étudiants, musiciens et artistes fauchés squattent les pelouses autour de la statue d'Adamastor, un monstre mythologique tiré des *Lusiades* de Camões. Très agréable en journée, il n'est pas recommandé à la nuit tombée.

❻ MUSEU DA FARMÁCIA★

Vases égyptiens, fioles mésopotamiennes, pharmacie portative de 1840... Sont présentés ici 5 000 ans d'un vaste univers qui intéressera les connaisseurs, mais également les enfants, car la reconstitution d'officines portugaises est plutôt réussie. Si après cela vous étiez atteint d'hypocondrie, faites-vous prescrire un régime de *petiscos* au restaurant Pharmacia (voir p. 133).

Rua Marechal Saldanha, 1 • ☎ 213 400 680 • Lun.-ven. 10h-18h (sam. 14h-18h) • Entrée plein tarif : 5 €.

❼ IGREJA DE SANTA CATARINA★★

L'église date de 1647, mais son décor est de 1727 : plafond rococo orné de dentelles de stuc, orgue monumental en bois finement sculpté, retables tout en dorures et panneaux peints par les meilleurs artistes de l'époque (Vieira Lusitano, André Gonçalves) composent un magnifique ensemble, typique du baroque portugais.

Calçada do Combro, 82 • ☎ 210 312 700 • T. l. j. 9h-12h et 16h-19h.

❽ CAZA DAS VELLAS LORETO★★★

Fondée le 14 juillet 1789 (!) par les Sá Pereira, la fabrique de bougies Loreto est toujours dans la famille, qui travaille selon des secrets bien gardés. Moules et bougies sont faits à la main… Dans cette splendide boutique tout en bois, on craque pour les bougies brodées, une spécialité, pour les bougies flottantes et pour celles parfumées au miel (à partir de 2,50 €).

Rua do Loreto, 53-55 • ☎ 213 425 387 • www.cazavellasloreto.com.pt • Lun.-ven. 9h-19h, sam. 9h-13h, f. j. f.

10 Du Parque Eduardo VII AUX AVENIDAS

Restos, bistrots p. 134 | Bars, clubs p. 156

Après le jardin zen du musée Gulbenkian, vous découvrirez les demeures de collectionneurs, les fresques de graffeurs stars et des arènes aux airs de palais russe ! À l'est du parc Edouardo VII, les avenidas illustrent l'extension rectiligne et pastel de la ville jusqu'aux années 1960 et alignent boutiques et cafés kitsch.

1 CASA-MUSEU MEDEIROS E ALMEIDA★★

Un véritable petit palais rempli de trésors réunis par le collectionneur et homme d'affaires António de Medeiros e Almeida (1895-1986). Au fil de salons somptueux, on découvre peintures flamandes, tapisseries, porcelaines chinoises, bijoux, meubles d'époque... Parmi les raretés, le service à thé utilisé par Napoléon lors de son exil à Sainte-Hélène et la montre en argent et lapis-lazuli de l'impératrice Sissi.

Rua Rosa Araújo, 41 • ☎ 213 547 892 • www.casa-museumedeirosealmeida.pt • Lun.-ven. 13h-17h30, sam. 10h-17h30 (f. 1er jan., Vendredi saint, 1er mai, 24 et 25 déc.) • Entrée plein tarif : 5 € (gratuit sam. 10h-13h).

❷ PARQUE EDUARDO VII E ESTUFAS**

L'ascension en pente douce de ce vaste parc à la française sera récompensée par une parenthèse exotique dans l'*estufa fria*, une serre froide de 1930 renfermant papyrus, fougères arborescentes, nénuphars, cascades et pont japonais. Plus petites, les *estufas quente* (chaude) et *doce* (douce) abritent des plantes tropicales pour la première et des cactus pour la seconde. Grimpez jusqu'au jardin Amália-Rodrigues pour le panorama ou pour une pause gourmande au bord de l'eau au Linha D'Água (rua Marquês de Fronteira, ☎ 213 814 327, t. l. j. 10h-20h).

Serres (nord-ouest du parc) : ☎ 213 882 278 • http://estufafria.cm-lisboa.pt • Avr.-oct. : t. l. j. 10h-19h ; nov.-mars : t. l. j. 9h-17h • Entrée plein tarif : 3,10 € (gratuit dim. et j. f. jusqu'à 14h).

❸ CRONO PROJECT**

Dans le cadre du projet Crono, plusieurs maîtres du street art mondial ont recouvert de leurs fresques géantes de vieux immeubles désaffectés mis à disposition par la Ville. En face du métro Picoas se succèdent le personnage géant du duo brésilien Os Gêmeos (n° 26), le voleur sirotant le monde à la paille de Blu, la silhouette noire sur ciel d'étoiles de SAM3, le crocodile d'Ericailcane et les oiseaux de Lucy McLauchlan (angle rua Martens Ferrão). Du graff de haute volée !

Avenida Fontes Pereira de Melo • www.cargocollective.com/crono.

❹ CASA-MUSEU ANASTÁCIO GONÇALVES***

Anastácio Gonçalves était ophtalmologue, intellectuel,

❺ Pour une pause goûter chic et rétro : Pastelaria Versailles***

Superbe cadre Art déco avec moulures pastel, natures mortes, colonnes aux chapiteaux dorés. Vous pouvez déjeuner dans cette ambiance de brasserie, mais restez alors debout, les prix sont moins élevés. Ou allez en face, au Galeto (voir p. 134).

Avenida da República, 15 A • ☎ 213 546 340 • T. l. j. 7h30-minuit • Café + gâteau : 2,50 €.

voyageur et ami de Calouste Gulbenkian. À sa mort en 1965, il légua à l'État sa collection et sa demeure Art nouveau. Le visiteur déambule de pièce en pièce dans une scénographie intime : mobilier européen des XVIIe, XVIIIe et XIXe s., nombreuses peintures de Columbano Bordalo Pinheiro ou de Marques de Oliveira, porcelaines chinoises...

Avenida Cinco de Outubro, 6-8 • ☎ 213 540 923 • https://blogdacmag.blogspot.fr • Mar.-dim. 10h-18h (f. 1er janv., dim. de Pâques, 1er mai, 24 et 25 déc.) • Entrée plein tarif : 3 € (gratuit 1er dim. du mois).

❻ CENTRO DE ARTE MODERNA**

Le musée d'Art moderne fait partie de la fondation Gulbenkian. Ouvert en 1983, il rassemble tous les courants artistiques majeurs de l'art portugais de 1920 à nos jours, avec des œuvres de Lourdes Castro, Paula Rego ou encore Almada Negreiros et son fameux *Portrait de Fernando Pessoa*. L'art britannique est représenté par Henry Moore, David Hockney et le *Love Wall* de Peter Blake.

Rua Dr N. de Bettencourt • ☎ 217 823 474 • www.cam.gulbenkian.pt • T.l.j. sf le mar. 10h-18h (f. 1er janv., dim. de Pâques, 1er mai, 24 et 25 déc.) • Entrée plein tarif : 5 € (gratuit le dim.).

❼ MUSEU CALOUSTE GULBENKIAN***

On doit l'un des plus prestigieux centres culturels d'Europe à l'homme d'affaires et collectionneur arménien Calouste Sarkis Gulbenkian. Né en Turquie en 1869, il se réfugie à Lisbonne en 1942 et lègue à sa mort une partie de ses œuvres d'art à l'État portugais. Inauguré en 1969, le musée présente quatre millénaires de création artistique, de l'Antiquité au début du XXe s. à travers 1 000 pièces remarquables sur les 6 000 que compte le fonds. Ne manquez pas non plus le parc, agrémenté de sculptures de Moore et de Rodin, où se déroule chaque année le festival Jazz em Agosto (voir p. 19).

Monsieur 5 %

Enfant déjà, Calouste Gulbenkian utilisait son argent de poche pour dénicher des pièces rares sur les marchés. Il fit rapidement preuve d'un flair incroyable en affaires. En 1920, à la découverte de champs de pétrole en Irak, il négocia une commission de 5 % sur la production à venir... le jackpot. Surnommé « Monsieur 5 % », il se trouva vite à la tête d'une fortune colossale qui lui permit de se consacrer à sa passion. Gulbenkian sillonne le monde, harcèle les marchands d'art, rachète aux Soviétiques des pièces rares du musée de l'Ermitage. C'est ainsi qu'il constitue cette collection éclectique et unique, reflet de ses goûts personnels.

Art oriental et classique

Après les figurines égyptiennes et les pièces gréco-romaines, l'Orient islamique est à l'honneur avec des faïences d'Iznik, des enluminures, des lampes de mosquées ainsi que de superbes tapis persans. La section s'achève avec des porcelaines, objets laqués et tissus de Chine et du Japon.

Art européen

Cette galerie présente des manuscrits enluminés et des ivoires médiévaux, des meubles et pièces d'orfèvrerie français des XVIIe et XVIIIe s., et une éblouissante collection de peintures flamandes et hollandaises (Rubens, Rembrandt), françaises (Fragonard, Boucher, Manet, Renoir, Monet) et anglaises (Turner, Gainsborough...).

Collection Lalique

La visite s'achève avec l'Art nouveau et la salle dédiée aux bijoux, ivoires et verreries de René Lalique. Il faut admirer de près cette collection unique au monde : diadème orchidée, miroir aux serpents... Sublime !

Avenida de Berna, 45 A • ☎ 217 823 000 • www.gulbenkian.pt • T.l.j. sf. le mar. 10h-18h (f. 1er janv., dim. de Pâques, 1er mai et 25 déc.) • Entrée plein tarif : 5 € ; musée + expos : 15 € (gratuit dim.).

❽ PRAÇA DE TOUROS*

Construites en 1892, les arènes de Lisbonne ont des airs de palais maure. C'est ici qu'ont lieu les fameuses *touradas*. Ces courses de taureaux, différentes des corridas espagnoles, mettent le cavalier à l'honneur (le ballet des *cavaleiros* en habit est un spectacle à lui tout seul) et la bête n'est pas mise à mort dans l'arène.
La galerie commerciale des arènes réunit salles de cinéma, magasins, supermarché, cafés et restaurants.

Campo Pequeno • ☎ 217 998 450 • www.campopequeno.com • Saison des touradas : d'avr. à oct. • 10-70 € en fonction du placement (ombre ou soleil).

11 São Bento ET ESTRELA

Bars, clubs p. 157 | Boutiques p. 182

Entre Estrela et São Bento, les nombreux couvents autrefois propriétés d'ordres religieux ont été vendus ou transformés en bâtiments publics lors de l'abolition des ordres ecclésiastiques en 1834. Le quartier, où est née Amália Rodrigues, est aujourd'hui le paradis des artisans et des antiquaires.

❶ BASÍLICA DA ESTRELA★★

En 1779, la reine Maria Ire décida de bâtir une basilique dédiée à la Vierge pour la remercier de lui avoir donné un fils. L'édifice de style baroque témoigne du peu de goût de la reine pour le rationalisme de son époque, et pour Pombal

en particulier. À l'intérieur, vous admirerez le tombeau de la souveraine, une crèche géante (t. l. j. 10h-11h45 et 15h30-17h) et des marbres de couleur.
Praça da Estrela • ☎ 213 960 915 • T. l. j. 8h-19h (sf lors des messes).

❷ JARDIM DA ESTRELA**

Inauguré en 1842, ce jardin public où aiment flâner les Lisboètes étale ses charmes romantiques face à la basilique. Essences exotiques, fontaines et grottes artificielles s'épanouissent autour d'un bassin central où barbotent oies et canards d'Égypte. Marchez jusqu'au *coreto*, petit kiosque métallique dédié autrefois aux bals populaires et aux rendez-vous galants. Vous y trouverez aussi un café avec terrasse et une aire de jeux pour enfants. Marché artisanal le premier dimanche du mois.
Praça da Estrela • T. l. j. 7h-minuit • Entrée libre.

❸ CASA-MUSEU AMÁLIA RODRIGUES**

La reine du fado (1920-1999) a commencé sa carrière à l'âge de 15 ans, avant de faire le tour du monde. Cette maison a été la sienne pendant plus de quarante ans, d'où une visite teintée d'émotion. Mobilier, bijoux, robes de scène, objets personnels, piano... rien ne semble avoir changé de place.
Rua de São Bento, 191-193 • ☎ 213 971 896 • www.amaliarodrigues.pt • Mar.-dim. 10h-13h et 14h-18h • Visite guidée slmt (20 min) • Entrée plein tarif : 5 €.

❺ RUA DE SÃO BENTO**

Longue et pentue, cette rue mène de l'Assemblée au largo do Rato. Prenez votre souffle (ou le métro jusqu'à la station Rato) si vous voulez profiter de ses brocanteurs, antiquaires et ateliers d'artisans. Pour le plaisir des yeux : Ricardo Hogan, n° 281.

❹ Pour une pause déjeuner chic : Café de São Bento

Sonnez à la porte et laissez-vous conduire religieusement à votre table par un vieux serveur en nœud pap'. Tout de rouge vêtu, ce restaurant est une véritable institution lisboète fréquentée par les politiciens et les journalistes. On y vient avant tout pour goûter aux steaks, qui ont fait la réputation de la maison, dans une ambiance feutrée.

Rua de São Bento, 212 (C4), tram 28E, arrêt Calçada da Estrela • ☎ 213 952 911 • www.cafesaobento.com • Lun.-ven. 12h30-14h30 et 19h-2h, sam.-dim. 19h-2h • Plat : env. 35 €.

12 Lapa, Madragoa ET SANTOS

Restos, bistrots p. 135 | Bars, clubs p. 157

En changeant de nom pour Lapa, Mocambo, l'ancien quartier noir du XVIIe s., a aussi changé de visage. Au XIXe s., les riches Anglais à la recherche d'un refuge loin du centre y bâtissent leurs palais. Plus tard, la bourgeoisie portugaise s'y établit à son tour. L'ancien quartier de pêcheurs de Madragoa, avec ses ruelles pavées à flanc de colline, est plus populaire. Plus bas encore, c'est Santos et ses boutiques de design !

❶ MUSEU NACIONAL DE ARTE ANTIGA★★★

Avant de flâner dans le quartier de Lapa et d'Estrela, prévoyez la visite de l'ancien palais des comtes d'Alvor, aussi appelé palácio das Janelas Verdes (« palais des Fenêtres vertes »). Il renferme le plus grand musée du Portugal, inauguré en 1884, et abrite la plus belle collection d'art du pays. Outre ses nombreux chefs-d'œuvre étrangers et portugais (Tiepolo, Dürer, Poussin, Zurbarán, Vasco Fernandes...), il doit sa réputation à deux tableaux remarquables : le polyptyque de *Saint-Vincent-hors-les-murs,* peint par Nuno Gonçalves, et *La Tentation de saint Antoine* de Jérôme Bosch (v. 1500), fascinant triptyque. À voir aussi, cette étonnante fontaine à deux têtes du XVIe s., une énigme... Face au musée, admirez la grandiose Chafariz das Janelas Verdes (« fontaine des Fenêtres vertes »), avec Vénus et Cupidon.

L'art portugais

Parmi la multitude d'œuvres d'art portugaises présentées ici, vous pourrez admirer un étonnant *Christ voilé* du XVe s. et le triptyque de Vasco Fernandes illustrant *La Descente de Croix, Saint François, Saint Antoine,* exemple du maniérisme portugais. C'est cependant le polyptyque de *Saint-Vincent-hors-les-murs (Painéis de São Vicente* ; v. 1470-1480), saint patron de Lisbonne, qui est l'œuvre maîtresse du musée. Dans cette œuvre de Gonçalves,

le peintre attitré du roi Afonso V, on découvre la famille royale au complet, entourée des grands ordres monastiques, des chevaliers et de la Cour. Cette galerie de portraits géante traduit sa vision du réalisme, presque flamande. Évoluant dans une composition abstraite, chaque visage est doté d'une expression choisie.

La peinture européenne

La collection étrangère est exposée par école et par ordre chronologique. L'école espagnole est représentée par Velázquez, Ribera et Zurbarán, tandis que la peinture italienne rend hommage à Giambattista Tiepolo. Enfin, les écoles flamande et allemande sont représentées par *Saint Jérôme en prière*, l'une des plus célèbres toiles de Dürer, et *La Tentation de saint Antoine*, illustration fantastique de Jérôme Bosch.

Les arts décoratifs orientaux

Ce département doit sa richesse aux grands navigateurs, qui dénichaient

❷ Pour une pause en terrasse : Le Chat★★★

Après avoir visité le musée d'Art ancien, vous pourrez grignoter salades, sandwichs ou *petiscos* dans ce bar-esplanade. De la terrasse presque suspendue au-dessus du Tage, vue fantastique sur les docks de Lisbonne. Si vous n'êtes pas fan de friches industrielles, revenez le soir pour un cocktail (7-15 €) quand le pont du 25-Avril s'illumine… Vous serez conquis !

Jardim 9 de Abril (accès près de l'entrée du Museu de Arte Antiga) • ☎ 213 963 668 • Lun.-sam. 12h30-2h, dim. 12h30-minuit.

aux quatre coins du monde divers objets insolents d'exotisme. Ainsi, il fourmille de porcelaines chinoises et japonaises, de meubles indo-portugais, de céramiques et de coffrets peints remplis de bijoux. À ne pas manquer, les superbes paravents japonais dorés à la feuille.

Rua das Janelas Verdes • ☎ 213 912 800 • www.museudearteantiga.pt • Mar.-dim. 10h-18h (f. 1er janv., dim. de Pâques, 1er mai, 24 et 25 déc.) • Entrée plein tarif : 6 € (gratuit 1er dim. du mois).

❸ SANTOS DESIGN DISTRICT**

Vous adorez le design ? Dirigez-vous illico vers le Santos Design District, autour du largo Santos, un quartier unique qui rassemble les boutiques Gandia Blasco, PP Home Design, Conceição Vasco Costa, ainsi que Cool Design...

Largo de Santos, largo Vitorino Damasio, avenida 24 de Julho • www.santosdesigndistrict.com

❹ MUSEU DA MARIONETA**

Ce couvent du XVIIIe s. abrite le musée de la Marionnette. Les pièces exposées, joliment mises en lumière, sont d'origine portugaise, mais vous découvrirez également des marionnettes chinoises, indiennes ou italiennes, des trucages de Méliès à Spielberg et les secrets de fabrication des films d'animation.

Convento das Bernardas, Rua da Esperança, 146 • ☎ 213 942 810 • www.museudamarioneta.pt • Mar.-dim. 10h-13h et 14h-18h (f. 1er jan., 1er mai, 24, 25 et 31 déc). • Entrée plein tarif : 5 €

❺ CASA DO VISCONDE DE SACAVÉM*

C'est sous l'impulsion du caricaturiste Rafael Bordalo Pinheiro, premier créateur de bandes dessinées portugais, que se développa à la fin du XIXe s. la mode des azulejos en relief avec des éléments décoratifs naturalistes (fleurs, fruits, feuillages...). La demeure du vicomte de Sacavém est l'un des plus beaux exemples de ce style. Sur la façade, on retrouve pêle-mêle cordages manuélins, azulejos traditionnels et carreaux en forme de grappe de raisin ou de pomme.

Rua do Sacramento à Lapa, 22.

❻ CENTRO PORTUGUÊS DE SERIGRAFIA*

Le centre portugais de Sérigraphie a pour objectif de rendre l'art accessible grâce aux techniques de la gravure et la sérigraphie. Ses expositions permettent de découvrir artistes portugais et étrangers, et de se faire plaisir grâce à un grand choix d'œuvres d'art plus ou moins abordables (75-1 000 €).

Rua dos Industriais, 6 • ☎ 213 933 260 • www.cps.pt • Lun.-ven. 9h30-18h30, sam. 14h-19h (f. sam. juil.-sept.) • Accès libre.

13 Campo de Ourique ET AMOREIRAS

Restos, bistrots p. 136 | Boutiques p. 183

Longtemps spécialisé dans la *panificação* (fabrication du pain), le Campo de Ourique a conservé beaucoup de ses boulangeries artisanales. C'est un quartier populaire, au tracé quadrillé et à l'architecture des années 1920 à 1950, où prospèrent les boutiques traditionnelles.

❶ CEMITÉRIO DOS PRAZERES★★

Ce cimetière « des plaisirs », créé en 1833, a tout d'un hameau résidentiel avec ses milliers de monuments funéraires bien alignés. Les rues étroites sont arborées, et leurs trottoirs pavés en noir et blanc, à la lisboète. Aux portes vitrées des chapelles s'accrochent des rideaux dentelés et les tombes sont décorées d'objets et de photos. Surprenant...

Praça São João Bosco • ☎ 213 961 511 • T. l. j. 9h-17h30 • Entrée libre.

❷ MERCADO DE CAMPO DE OURIQUE**

Fondé en 1934, le vieux marché de Campo de Ourique s'est offert un joli coup de blush. Sous la grande halle couverte niche un délicieux marché de gourmets, entre vendeurs de fruits et légumes, bouchers et poissonniers. Une vingtaine de stands et une infinité d'options gourmandes à savourer aux tables communes bondées !

Rua Coelho da Rocha • ☎ 211 323 701 • www.mercadodecampodeourique.pt • Lun.-mer. 10h-23h, mar. et dim. 10h-minuit, jeu.-sam. 10h-1h.

❹ CASA FERNANDO PESSOA*

Ce lieu fut la dernière demeure de Fernando Pessoa, qui y loua une petite chambre pendant les quinze dernières années de sa vie. L'immeuble a été rénové et abrite aujourd'hui quelques objets personnels, une bibliothèque (f. sam.)

❸ Pour une pause chocolat : O Melhor Bolo de Chocolate do Mundo**

La spécialité de cette pâtisserie ? Tout simplement le « meilleur gâteau au chocolat du monde » ! Baptisé ainsi, non sans humour, par son inventeur Carlos Braz Lopes, il attire une foule de gourmands en face du marché du Campo de Ourique. La recette est délicieuse et s'exporte aujourd'hui à New York, São Paulo et Sydney.

Rua Tenente Ferreira Durão, 62A • ☎ 213 965 372 • www.omelhorbolodechocolatedomundobycbl.com • Lun.-sam. 9h-19h30 (f. dim. et j. f.) • La part de gâteau : 2,50 €.

Fernando Pessoa

Né en 1888, l'écrivain portugais n'a publié qu'un seul recueil de poèmes de son vivant (*Message*, 1934). En réalité, il écrivait sous plusieurs noms d'emprunt (Alberto Caeiro, Ricardo Reis, Bernardo Soares...). Après sa mort, en 1935, plus de 25 000 documents furent retrouvés dans une malle conservée par la famille.

et une petite salle multimédia. Pour les fans du poète.

Rua Coelho da Rocha, 16 • ☎ 213 913 270 • www.casafernandopessoa.pt • Lun.-sam. 10h-18h • Entrée plein tarif : 3 €.

❺ FUNDAÇÃO ARPAD SZENES - VIEIRA DA SILVA**

Ce musée expose l'œuvre de l'artiste français d'origine hongroise Arpad Szenes (1897-1985), célèbre pour son travail sur la transparence, et celle de son épouse d'origine lisboète Maria Elena Vieira da Silva (1908-1992), amie de Fernand Léger, Antoine Bourdelle, Raoul Dufy et Piet Mondrian... Lisbonne est une ville à la fois cubique et courbe, avec ses sept collines, ses façades carrelées et ses trottoirs pavés ; une ville faite pour l'abstraction qui inspira ce couple d'artistes.

Praça das Amoreiras, 56-58 • ☎ 213 880 044 - www.fasvs.pt • Mar.-dim. 10h-18h • Entrée plein tarif : 5 €.

❻ AQUEDUTO DAS ÁGUAS LIVRES***

L'aqueduc « des eaux-libres » est un projet phénoménal, ordonné en 1731 par le roi João V. Il permit d'alimenter dès 1748 les fontaines de Lisbonne après un parcours de 58 km. On peut suivre les 941 m de l'aqueduc et contempler la vallée de l'Alcântara à 65 m de hauteur.

Calçada da Quintinha, 6 • ☎ 218 100 215 • www.epal.pt • mar.-sam. 10h-17h30 • Visite guidée sur résa • Entrée plein tarif : 3 €.

❼ RESERVATÓRIO DA MÃE D'ÁGUA DAS AMOREIRAS**

C'est ici que se déversaient les eaux de l'aqueduc das Águas Livres. Splendide réservoir construit entre 1746 et 1834, il fait aujourd'hui office de lieu culturel. Profitez de la vue depuis sa terrasse.

Praça das Amoreiras, 10 • ☎ 213 251 644 • www.epal.pt • Mar.-sam. 10h-12h30 et 13h30-17h30 • Entrée plein tarif : 5 €.

14 Alcantara & Santo Amaro
LES DOCKS

Restos, bistrots p. 137 | Bars, clubs p. 158 | Boutiques p. 184

Les pieds dans l'eau et le regard tourné vers le large, le quartier des docks, en pleine mutation, rêve d'ailleurs. Ce n'est pas un hasard si deux musées consacrés aux anciennes colonies portugaises s'y sont installés. Le soir, on file sur les *docas*, spot branché de la capitale.

❶ MUSEU DO ORIENTE★★★

Logé dans les anciens entrepôts frigorifiques d'Alcântara, ce superbe musée raconte les relations entre le Portugal et les pays d'Orient, et témoigne de la richesse des arts traditionnels asiatiques. Consacré à la « présence portugaise en Asie », le 1er étage recèle des pièces exceptionnelles, comme cette pagode miniature de la fin du XVIIIe s., ce casque namban (art qui mêle les styles européen et japonais) et ces masques rituels du Timor. Au 2e étage, l'exposition « Ombres asiatiques », autour du théâtre d'ombres, présente

une partie des collections de l'ancien musée Kwok-Onde Paris, liées aux arts du spectacle en Asie. Restaurant et boutique où dénicher des cadeaux exotiques.
Avenida de Brasília, Doca de Alcântara (Nord) • ☎ 213 585 200 • www.museudooriente.pt • Mar.-dim. 10h-18h (22h ven. ; f. 1er janv. et 25 déc.) • Entrée plein tarif : 6 € (gratuit ven. 18h-22h).

❷ DOCAS**

Comme Londres et Amsterdam, Lisbonne a réhabilité ses quais. Une poignée de clubs où les fêtards se ruent à la tombée de la nuit squattent la partie est du dock d'Alcântara. En journée, il fait bon flâner du côté de Santo Amaro, au pied du pont du 25-Avril. Les entrepôts du petit port de plaisance ont été transformés en bars, restaurants et discothèques. Malgré le bruit dû à la circulation sur le pont, la balade reste agréable.

❸ PONTE 25 DE ABRIL*

Construit sous Salazar, il fut le premier pont à enjamber le Tage. Ouvrage exceptionnel pour l'époque (1966), réalisé en un temps record (quatre ans), il s'étend sur 3 km, dont deux sur le fleuve, mesure 100 m de haut et asseoit ses fondations à plus de 80 m de profondeur. Il relie les banlieues d'Almada et de Cacilhas à Lisbonne, et le trafic atteint plus de 160 000 véhicules par jour !

❹ LX FACTORY***

Voici un petit village créatif où l'on vient flairer les dernières tendances ! Ces friches industrielles oubliées pendant des années ont été investies par des showrooms de designers, des galeries d'art, des boutiques de mode et de déco, la superbe librairie Ler Devagar (voir p. 12 et p. 184) et des restaurants. Sur les façades des entrepôts s'affichent de nombreuses œuvres d'artistes de rue de talent. Le dimanche, on vient chiner fripes, bijoux de créateurs ou vieilles babioles sur les étals en plein air

du LX Market, le marché aux puces des branchés. Concerts, expos, fêtes et ateliers y sont organisés. Agenda sur le site Internet.

Rua Rodrigues de Faria, 103 • ☎ 213 143 399 • www.lxfactory.com • T. l. j. 10h-4h • LX Market : dim. 11h-18h.

❺ MUSEU DA CARRIS★

Fondée en 1872, la société de transport de Lisbonne vous invite à voyager dans le temps. Son musée retrace l'histoire des transports publics de la capitale à l'aide de documents, photographies, vieux tickets et uniformes. L'entrepôt abrite quant à lui de superbes bus et tramways anciens.

Rua Primeiro de Maio, 101-103 • ☎ 213 613 087 • http://museu.carris.pt • Lun.-ven. 10h-18h, sam. 10h-13h, 14h-18h • Entrée plein tarif : 4 €.

❻ CENTRO CIENTÍFICO E CULTURAL DE MACAU★

Inauguré en 1999 lors de la rétrocession de Macao à la Chine, le centre abrite un musée évoquant l'histoire du port chinois aux XVIe et XVIIe s. sous domination portugaise. La plus belle collection d'art chinois du Portugal, que l'on doit à António Sapage, comprend objets funéraires, céramiques, porcelaines, peintures et tout le nécessaire du fumeur d'opium.

Rua da Junqueira, 30 • ☎ 213 617 570 • www.cccm.pt • Mar.-dim. 10h-17h (f. 1er janv., Vendredi saint, dim. de Pâques, 1er mai, 25 déc.) • Entrée plein tarif : 3 € (gratuit dim. 10h-14h).

❼ Pour une pause à la bonne franquette : Cantina★★

Tout le monde se croise dans ce vieil entrepôt qui abrite la populaire Cantina et sa déco façon brocante. On s'y retrouve autour de grandes tables recouvertes de nappes fleuries en plastique, où l'on partage une cuisine sans façon : viandes et poissons cuits dans un four à bois (côtelettes d'agneau, cuisses de canard rôti, filets de bar, poulpe rôti)... et toutes sortes d'amuse-bouches (plats 10,50-19 €).

À l'entrée de la LX Factory • ☎ 213 628 239 • www.lxfactory.com • Mar.-sam. 12h-15h30 et 19h-minuit, dim. 12h-16h, 19h30-22h, lun. 12h-15h.

15 Belém, PATRIMOINE ET GRAND LARGE

Restos, bistrots p. 138 | Bars, clubs p. 158 | Boutiques p. 184

Belém, « Bethléem » en portugais, reste un hommage gravé dans la pierre aux exploits de tous ces navigateurs partis à la découverte du Nouveau Monde. C'est aujourd'hui un quartier truffé de musées et très visité, à 15 min du centre-ville avec le tramway 15E ou 7 min par la ligne de train de Cascais, moins fréquentée, depuis la gare de Cais do Sodré (voir p. 192).

❶ PADRÃO DOS DESCOBRIMENTOS*

Érigé en 1960 à la demande de Salazar pour commémorer le 500e anniversaire de la mort d'Henri, dit « le Navigateur », le monument des découvertes représente une proue de navire et les grands personnages de l'histoire maritime du Portugal.

Avenida de Brasília
• ☎ 213 031 950 • www.padraodosdescobrimentos.pt
• Mars-sept. : t. l. j. 10h-19h ; oct.-fév. : mar.-dim. 10h-18h (f. 1er janv., 1er mai et 25 déc.)
• Entrée plein tarif : 4 €.

❷ TORRE DE BELÉM***

La forteresse fut édifiée au milieu du Tage pour défendre le port de Lisbonne, avant d'être rattrapée par la rive droite du fleuve asséché lors du séisme de 1755. Classé au Patrimoine mondial de l'humanité, ce joyau qui offre des points de vue spectaculaires symbolise à lui seul l'ancienne puissance navale portugaise. La ville devenant une escale obligatoire sur les routes du commerce, une tour de contrôle s'imposait. Édifiée entre 1514 et 1520 à la demande de Manuel Ier, elle servit également d'arsenal, de prison et de résidence pour capitaines.

Le bastion

Au niveau du pont-levis, la salle d'artillerie déploie sa batterie de canons. C'est par les ouvertures dans le sol que l'on jetait les condamnés dans les eaux et la boue du fleuve. Le cachot, qui permettait d'étouffer les cris de torture des prisonniers, fut utilisé jusqu'au XIXe s. Sur la plateforme gardée par les tours de sentinelles, la statue de Notre-Dame-du-Bon-Succès, face à la mer, veille encore sur les marins.

Un chef-d'œuvre manuélin

L'architecte Francisco de Arruda a su donner élégance et légèreté à la forteresse d'aspect massif. Dans un télescopage de styles - loggia italienne, colonnes torsadées, tours d'angle à dômes mauresques et fenêtres géminées - rien ne manque au répertoire décoratif manuélin : blason de Manuel Ier, cordages, sphères armillaires et créneaux marqués de la croix de l'ordre du Christ.

La tour

Depuis la salle du Gouverneur, un escalier en colimaçon raide et étroit (gare aux embouteillages !) dessert la salle du Roi (Sala dos Reis), où se situe la superbe loggia Renaissance, la salle des audiences, la chapelle et enfin la terrasse. Remarquez les plafonds voûtés d'ogives, typiques du style manuélin.

Avenida de Brasília • ☎ 213 620 034 • www.torrebelem.pt • Mar.-dim. 10h-18h30 (17h30 oct.-avr., f. 1er janv., dim. de Pâques, 1er mai, 13 juin et 25 déc.) • Entrée plein tarif : 6 € (gratuit 1er dim. du mois).

❸ MUSEU DE MARINHA***

Le musée de la Marine expose des maquettes de bateaux, des cartes, des instruments de navigation et des reproductions de galiotes royales grandeur nature. Ici, vous embarquez dans la grande aventure maritime du Portugal. Ne manquez pas les cabines royales du yacht *Amélia*, démantelé en 1938, ni le planétarium Calouste-Gulbenkian (☎ 213 620 002, voir horaires de projection sur place, entrée plein tarif : 5 €).

Praça do Império • ☎ 210 977 388 • http://museu.marinha.pt • T. l. j. 10h-18h (17h oct.-avr., f. 1er janv., dim. de Pâques, 1er mai et 25 déc.) • Entrée plein tarif : 6,50 € (gratuit 1er dim. du mois).

❹ MOSTEIRO DOS JERÓNIMOS E IGREJA SANTA MARIA***

Édifié, selon la volonté de Manuel Ier (1495-1521), à l'emplacement de la chapelle de la Vierge-de-Bethléem où se recueillaient les marins, c'est un monument grandiose par ses dimensions (300 m de façade), par la durée de sa construction (150 ans) et par son coût. Le monastère fut confié aux moines de Saint-Jérôme afin qu'ils prient pour le roi et les navigateurs. Ancien refuge pour les marins, il devint plus tard celui des élèves de l'organisation de protection des orphelins, la Casa Pia de Lisboa. Les galeries du cloître et le réfectoire sont de pures merveilles manuélines.

Dans l'église, ne manquez pas les tombeaux de Vasco da Gama et de Luís de Camões, ni la voûte et ses superbes piliers.

Le portail sud

Dessiné par Boytac, il fait majestueusement face au Tage. Décoré de moulures et de statues d'apôtres, de saints et de navigateurs, il satisfera les amateurs d'art religieux.

Igreja Santa Maria

Dans le transept, la superbe voûte nervurée de João de Castilho est miraculeusement soutenue par deux piliers (1520). Sous la tribune, le tombeau de Vasco da Gama est orné de symboles marins. La chapelle principale fut construite en 1571 dans le style maniériste par Jerónimo de Ruão. Elle renferme les tombeaux de Manuel Ier et de son épouse dona Maria, supportés par des éléphants. Le retable qui dépeint la Passion du Christ et l'Adoration des Mages fut imaginé par Lourenço de Salzedo (1572-1574).

Le cloître

Cet ancien havre de paix hiéronymite est l'endroit idéal pour la méditation et la contemplation béate. Des plantes grimpantes et des animaux fantastiques couvrent les colonnes de la galerie. Considéré comme le plus bel exemple manuélin, ce cloître est l'œuvre des architectes Boytac et Castilho (1541). À voir également, la tombe de Pessoa, transférée ici en 1985.

Le réfectoire

Les splendides azulejos bleu et jaune des années 1780 mettent en scène le miracle de la multiplication des pains et la vie de Joseph en Égypte.

Praça do Império • ☎ 213 620 034 • www.mosteirojeronimos.pt • Mar.-dim. 10h-18h30 (17h30 oct.-avr., f. 1er janv., dim. de Pâques, 1er mai, 13 juin et 25 déc.) • Entrée plein tarif (cloître) : 10 € (gratuit 1er dim. du mois) ; entrée libre à l'église.

❺ MUSEU COLEÇÃO BERARDO★★★

Souvent ignoré, à tort, par les touristes, c'est l'un des plus palpitants musées de Lisbonne. La fabuleuse collection d'art du milliardaire portugais José Berardo offre sur 11 000 m² un travelling unique sur les courants de l'art des XXe et XXIe s. Cubisme, dadaïsme, surréalisme, pop art sont illustrés par des œuvres de grands maîtres tels que Picasso, Magritte, Duchamp, Dalí, Warhol, Pollock, Bacon ou Keith Haring. Étourdissant !

Centro Cultural de Belém, Praça do Império • ☎ 213 612 878 • www.museuberardo.pt • T. l. j. 10h-19h (f. 25 déc.) • Entrée libre.

❻ Pour une pause *pastéis de nata* : Pastéis de Belém★★

Confectionnés selon la même recette depuis 1837, les fameux *pastéis* de Belém sortent tout juste du four, crémeux à souhait, et se dégustent saupoudrés de cannelle et de sucre glace dans l'une des salles couvertes d'azulejos. Un régal à 1,05 € pièce !

Rua de Belém, 84 • ☎ 213 637 423 • www.pasteisdebelem.pt • T. l. j. 8h-23h (minuit en été).

❼ MUSEU NACIONAL DOS COCHES (MNC) - PICADEIRO REAL★★★

Voitures de promenade, de voyage, ou d'apparat... le musée national des Carrosses présente une collection rare de voitures restaurées du XVIIe au XXe s. Ce déploiement de luxe et d'art se partage entre l'ancien manège royal de Belém (Picadeiro Real) et un bâtiment ultra-contemporain signé Paolo Mendes da Rocha, entre minimalisme et exubérance !

La galerie 1

Elle regroupe les plus anciens carrosses (XVIe-XVIIIe s.) et les plus spectaculaires. Celui de Felipe II d'Espagne, en bois et cuir rouge, est certainement l'un des plus anciens. Exagérément baroques, les trois carrosses fabriqués à Rome en 1716 pour le compte du marquis d'Abrantes sont chargés de sculptures allégoriques faisant référence aux gloires maritimes du pays. Ici, l'ornementation est à son comble !

La galerie 2

Parmi les spécimens roulants des XVIIIe, XIXe et du début du XXe s., vous découvrirez des voitures de promenade miniatures pour petits princes que tiraient poneys et moutons, la chaise aux hublots qui pouvait être conduite de l'intérieur, et la voiture dans laquelle succomba le roi Carlos Ier lors de l'attentat du 1er février 1908. Les impacts de balles sont encore visibles...

Le Picadeiro Real

À deux pas du musée, tout décoré de peintures et de panneaux d'azulejos, il abrite sept voitures d'apparat du XVIIIe s. ainsi qu'une collection de portraits royaux.

Avenida da Índia, 136 • ☎ 210 732 319

• Picadeiro Real : Praça Afonso de Albuquerque • ☎ 213 610 850 • www.museudoscoches.pt • Mar.-dim. 10h-18h (f. 1er janv., dim. de Pâques, 1er mai et 25 déc.) • Entrée plein tarif : MNC 6 €, Picadeiro Real 4 €, billet combiné 8 € (gratuit 1er dim. du mois).

❽ MUSEU DE ARTE, ARQUITETURA E TECHNOLOGIA (MAAT)★★

Tout neuf dans le paysage de Belém, le MAAT s'installe dans l'ancienne centrale électrique de Lisbonne et incorpore le musée de l'Électricité. Une aile a été construite dans un design futuriste et organique visant à recréer le lien essentiel entre la ville et la mer. Le lieu offre ainsi des jeux de lumière étonnants, imitant le mouvement de la houle. L'objectif de ce musée est d'explorer, au niveau international et à travers différentes expositions, la façon dont l'architecture, la technologie et l'art contemporain transforment ensemble le visage de la ville.

Central Tejo, Avenida de Brasília • ☎ 210 028 130 • www.maat.pt • T.l.j. sf mar. 12h-20h (f. 1er janv., 1er mai et 25 déc.) • Entrée plein tarif : 9 € (gratuit 1er dim. du mois).

❾ PALÁCIO NACIONAL DA AJUDA★★

Construit après la destruction du Palácio da Ribeira (terreiro do Paço) par le séisme de 1755, ce n'est qu'en 1861, avec dom Luís Ier et Maria Pia de Savoie, que le palais devient la résidence permanente de la famille royale portugaise. La reine, le trouvant austère, l'aménage à son goût. De la chambre de la Reine au cabinet de toilette (très moderne pour l'époque) en passant par l'étonnant salon des Porcelaines, on déambule dans le décor typique et figé d'une cour du XIXe s., agrémenté d'une superbe collection d'arts décoratifs.

Largo da Ajuda, bus 727 depuis le bas de la calçada da Ajuda • ☎ 213 620 264 • www.palacioajuda.pt • T. l. j. sf mer. 10h-18h (f. 1er janv., dim. de Pâques, 1er mai, 13 juin et 25 déc.) • Entrée plein tarif : 5 € (gratuit 1er dim. du mois).

À voir aussi à Belém...

Museu da Presidência da República (cadeaux offerts aux présidents de la République) **Praça Afonso de Albuquerque • ☎ 213 614 660 • Mar.-dim. 10h-18h • Entrée plein tarif : 2,50 € (gratuit dim. jusqu'à 13h) ; visite musée, palais et jardins sam. : 5 €.**

Museu Nacional de Arqueologia (antiquités égyptiennes et trésors archéologiques portugais) **Praça do Império • ☎ 213 620 000 • Mar.-dim. 10h-18h • Entrée plein tarif : 5 € (gratuit 1er dim. du mois).**

Museu Nacional de Etnologia (exposition sur le Portugal rural et les colonies) **Avenida Ilha da Madeira • ☎ 213 041 160 • Mar. 14h-18h, mer.-dim. 10h-18h (f. 1er janv., 1er mai, dim. de Pâques et 25 déc.) • Entrée plein tarif : 3 € (gratuit 1er dim. du mois).**

Siècle d'or et conquêtes

Au XVe s., les expéditions vers le Nouveau Monde marquent le début d'une période de prospérité. Lisbonne se tourne vers le Tage et s'organise pour assumer son nouveau rôle au cœur du commerce mondial.

HENRI, DIT « LE NAVIGATEUR »

L'infant Henri, **père des découvertes,** n'a en réalité que peu de fois quitté la terre ferme. Oncle et conseiller du roi Afonso V (1438-1481), il fonde la première école de navigation portugaise et convainc la noblesse d'investir dans l'industrie navale émergente. Il contribue au perfectionnement des techniques de navigation et de cartographie et au **financement des expéditions.**

L'INVENTION DU MONDE

En peu de temps, grâce à ses navigateurs, Lisbonne va devenir le centre d'un vaste empire. Après la colonisation de Madère, des Açores, puis l'exploration des côtes de l'Afrique, Bartolomeu Dias double le cap de Bonne-Espérance (1487), préparant ainsi le voyage de **Vasco da Gama aux Indes** (1498-1499). En 1500, à la suite d'une erreur de navigation, **Pedro Álvares Cabral découvre le Brésil.** Peu après, le Portugais Fernão de Magalhães (Magellan), qui navigue pour le compte de Charles Quint, réussit le **premier tour**

du monde, révolution dans tous les sens du terme, qui met en évidence la rotondité de la Terre.

LA RIVALITÉ AVEC L'ESPAGNE

Dans la course aux terres nouvelles, le Portugal rivalise avec l'Espagne. Le pape tranche en 1494 avec le traité de Tordesillas : toute terre rattachée à l'Atlantique se trouvant à l'est d'une ligne passant à 370 lieues (soit environ 2000 km) des îles du Cap-Vert est déclarée portugaise : c'est ainsi que l'Afrique mais aussi le Brésil (dont la partie orientale se trouve dans la bonne zone) seront rattachés au royaume. Au-delà de cette limite, tous les territoires découverts sont soumis à la souveraineté espagnole.

UNE ÈRE DE PROSPÉRITÉ

L'afflux des marchandises permet le **développement du commerce** et l'émission d'une monnaie de référence en or : le cruzado. **Lisbonne s'agrandit,** l'activité d'urbanisme y est remarquable (palais, hôpitaux, maisons d'habitation de 4 ou 5 étages...) et les bords du Tage sont remblayés pour construire des douanes, des entrepôts de stockage et un arsenal. Lisbonne devient le principal **centre de la cartographie** et de la fabrication d'instruments maritimes.

UN INÉVITABLE DÉCLIN

Maître du commerce le plus étendu du monde, le Portugal se retrouve pourtant dépassé par les événements. La population locale peine à fournir gouverneurs, soldats, marins et colons pour administrer et contrôler les terres conquises. À la fin du XVIe s., la faillite de la Casa das Indias (Compagnie nationale de commerce) et la **désastreuse croisade** du jeune roi Sebastião contre les Maures marquent la **ruine de l'Empire.** L'Espagne en profite même pour annexer son rival et le dominer pendant quatre-vingts ans.

Le style manuélin

C'est sous le règne de Manuel Ier (1495-1521) que les routes des Indes et du Brésil sont ouvertes. Le roi attire des talents de toute l'Europe et encourage tous les arts. Le style manuélin se caractérise par des symboles maritimes : sphère armillaire et croix de l'ordre du Christ, cordages, ancres, coquillages, végétaux et animaux exotiques.

16 Campo Grande, LUMIAR ET MONSANTO

Si vous avez épuisé tous les musées du centre, en route pour les quartiers nord de Lisbonne ! Campo Grande et Lumiar recèlent d'intéressants musées accessibles en métro, mais hélas noyés au milieu des tours et des grands axes routiers. Le parc forestier de Monsanto, poumon vert de la ville, abrite une délicieuse *quinta* qui émerveillera les amoureux des vieilles demeures.

❶ MUSEU DE LISBOA*

C'est au sein du beau palais Pimenta (XVIIIe s.) que le musée de la Ville a déposé ses collections de tableaux, de maquettes, d'azulejos… pour conter l'histoire de Lisbonne de la préhistoire au XIXe s.
Et, surprise, dans le parc

se cachent abeilles, grenouilles et chats en céramique de Pinheiro.

Campo Grande, 245 • ☎ 217 513 200 • www.museudelisboa.pt • Mar.-dim. 10h-18h • Entrée plein tarif : 2 € (gratuit dim. matin).

❷ MUSEU BORDALO PINHEIRO★

Artiste prolifique hors norme, Rafael Bordalo Pinheiro (1846-1925) a laissé derrière lui d'innombrables dessins et peintures passant au crible la société portugaise du XIXe s. et du début du XXe s, ce qui a fait de lui le caricaturiste le plus célèbre du pays. Zé Povinho, son fameux personnage, le M. Tout-le-Monde portugais, est le plus populaire. Pinheiro est aussi connu pour ses étonnantes céramiques.

Campo Grande, 382 • ☎ 218 170 667 • museubordalopinheiro.cm-lisboa.pt • Mar.-dim. 10h-18h • Entrée plein tarif : 1,50 € (gratuit dim. 10h-14h).

❸ MUSEU NACIONAL DO TRAJE E DA MODA★★

Le chemin n'est pas des plus agréables, mais quel bonheur une fois sur place ! À l'orée du parc Monteiro-Mor, un élégant palais du XVIIIe s. abrite le musée du Costume et de la Mode. Les collections des XVIIIe et XIXe s. comprennent des robes à crinoline et des costumes de cérémonie de la noblesse portugaise.

Largo Júlio Castilho • ☎ 217 567 620 • www.museudotraje.pt • Mar. 14h-18h, mer.-dim. 10h-18h (f. 1er janv., dim. de Pâques, 1er mai, 13 juin et 25 déc.) • Entrée plein tarif : 4 € (gratuit 1er dim. du mois) ; parc botanique de Monteiro-Mor : 3 € ; billet combiné Museu Nacional do Teatro, Museu Nacional do Traje et Parque Bôtanico do Monteiro-Mor : 6 €.

❹ MUSEU NACIONAL DO TEATRO E DA DANÇA*

Le Palácio do Monteiro-Mor, qui abrite le musée national du Théâtre et de la Danse, vous invite en coulisses : costumes et accessoires de scène, affiches, photographies, figurines, théâtres miniatures, dessins, portraits et caricatures... Après cette plongée dans les arts du spectacle, flânez dans les agréables jardins du palais ou faites une pause à la cafétéria.

Estrada do Paço do Lumiar, 10 • ☎ 217 567 410 • www.museudoteatroedanca.pt • Mar.-dim. 10h-18h (f. 1er janv., dim. de Pâques, 1er mai et 25 déc.) • Entrée plein tarif : 4 € (gratuit 1er dim. du mois) ; billet combiné Museu Nacional do Teatro, Museu Nacional do Traje et Parque Bôtanico Monteiro-Mor : 6 €.

❺ JARDIM ZOOLÓGICO**

On peut y contempler plus de 2 000 animaux de tous les continents et profiter de nombreuses attractions et spectacles : shows de dauphins, nourrissage des otaries et des pélicans, ferme pour les enfants, promenade en téléphérique ou en train (payant), présentation de reptiles...

Estrada de Benfica, 158 • ☎ 217 232 900 • www.zoo.pt • Avr.-sept. : 10h-20h ; oct.-mars : 10h-18h • Entrée plein tarif : 19,50 €.

❻ MUSEU DA MÚSICA*

Des clavecins baroques et des guitares portugaises traditionnelles composent cette collection d'instruments de musique du XVIe au XXe s. Des raretés, des curiosités et des pièces de grande valeur à découvrir, comme ce piano apporté de France par Franz Liszt pour un concert à Lisbonne, ces flûtes en cristal et en argent, ou ce mélophone du XVIIIe s.

Rua João de Freitas Branco • ☎ 217 710 990 • www.museudamusica.pt • Lun.-sam. 10h-18h (f. 1er janv., 1er mai et 25 déc.) • Entrée plein tarif : 3 €.

❼ PALÁCIO DOS MARQUESES DE FRONTEIRA**

Située dans le parc de Monsanto, cette *quinta* du XVIIe s. est l'une des plus belles du Portugal. Jalonné de bassins, de sculptures et de compositions d'azulejos exceptionnelles, le parc est enchanteur. Parcourez la galerie des Rois, la Casa do Fresco et la terrasse, puis le palais et sa superbe salle des Batailles tapissée d'azulejos illustrant les grandes victoires du Portugal. La *quinta* est habitée par les descendants du fondateur, dom João Mascarenhas, premier marquis de Fronteira.

Largo de São Domingos de Benfica, 1, Bus 770 depuis le M° Jardim Zoológico ou taxi (conseillé) • ☎ 217 782 023 • www.fronteira-alorna.pt • Visites guidées lun.-sam. juin-sept. 10h30, 11h, 11h30 et 12h ; oct.-mai 11h et 12h • Entrée plein tarif : 7,50 €, jardin : 3 €.

Palais et jardins
UN ART DE VIVRE

Les Lisboètes aiment la nature, qu'elle soit simple jardinière, balcon ou superbe parc couvert d'azulejos. Il reste encore de nombreux jardins secrets à dénicher au hasard d'une promenade dans la ville, mais aussi quelques *quintas* et palais qui méritent un détour...

L'ART DU JARDIN

Si vous flânez dans Lisbonne au printemps, vous aurez l'impression d'être à la campagne. Vos sens seront à la fête : parfums de jasmin et d'oranger, couleurs des jacarandas, des bougainvillées et des géraniums... À Lisbonne, il y a des petits jardins partout... À vous de les découvrir : ceux cachés derrière de hauts murs dans Lapa, ceux envahis par les herbes folles au cœur du Bairro Alto, ou bien ceux improvisés sur un coin de balcon dans l'Alfama... Même les orties et les choux sauvages poussent entre les pavés !

RETIROS...

Autrefois, la ville était entourée de *retiros* et de *quintas*. Deux mots quasiment intraduisibles qui reflètent pourtant bien un certain art de vivre à la portugaise. Les *retiros* désignaient de belles maisons toutes proches de la ville, mais suffisamment en retrait pour qu'on y séjourne en paix. Là, loin des regards indiscrets, on se « retirait » pour faire la fête ou bien cacher une aventure galante. Aujourd'hui, malheureusement, la plupart de ces propriétés ont disparu, absorbées par la ville. Certaines résistent encore, comme le **Palácio Pimenta,** transformé en Museu de Lisboa (voir p. 96). Cet ancien *retiro* royal a conservé ses jardins malgré la ville envahissante.

... ET *QUINTAS*

Les *quintas* désignent de grandes maisons de campagne avec une vaste propriété agricole attenante. Véritable villa avec des jardins d'agrément qui s'ajoutent aux terres cultivables, la *quinta* ressemble souvent plus à un petit palais qu'à une ferme ! C'est là que les familles nobles venaient passer l'été pour fuir la chaleur de la ville. Les environs de Lisbonne foisonnent de ces propriétés pleines de charme. Deux exemples à découvrir au nord de la ville : le **palais des marquis d'Angeja,** qui abrite le Museu Nacional do Traje e da Moda (musée national du Costume et de la Mode, voir p. 97), et le **Palácio do Monteiro-Mor** reconverti en Museu Nacional do Teatro e da Dança (musée national du Théâtre et de la Danse voir p. 98). Mais le plus bel exemple de *quinta* se cache dans le parc de Monsanto : le **Palácio dos Marqueses de Fronteira** et ses jardins d'agrément sont éblouissants de beauté (voir p. 98).

ET AUSSI...

Palácio Nacional de Queluz

À 15 km de Lisbonne vers l'ouest, Queluz est superbe. Ce palais construit pour la reine Maria Ire (1777-1816) est un feu d'artifice d'azulejos. L'architecture, d'inspiration italienne, a des airs de château de Versailles, jardins à la française compris. L'intérieur du palais est saisissant de dorures, de décorations baroques, la salle du Trône étant bien évidemment la plus précieuse.

Largo do Palácio, à Queluz ; trains depuis la gare du Rossio, voir p. 192 • ☎ 214 343 860 • www.pnqueluz.imc-ip.pt • t. l. j. 9h-18h, 17h l'hiver • Entrée plein tarif : 10 €.

Palácio Nacional de Mafra

À une vingtaine de kilomètres au nord de Sintra, cet austère monastère et ce gigantesque palais royal furent érigés sous João V par l'architecte allemand Ludwig, au milieu du XVIIIe s. À voir surtout, les hautes sculptures italiennes qui ornent l'entrée de l'église, l'hospice, le salon du Trône et la bibliothèque, qui renferme plus de 40 000 volumes, dont une édition des *Lusiades* de Camões datée de 1572.

Terreiro D. João V, 26, à Mafra • ☎ 261 817 550 • www.palaciomafra.pt • Mer.-lun. 9h-18h • Entrée plein tarif : 6 € (gratuit le 1er dim. du mois).

17 Parque das Nações, LE LISBONNE FUTURISTE

Bars, clubs p. 158

Le site de l'Exposition universelle de 1998 a réussi avec brio la reconversion de l'ex-quartier industriel Xabregas en espace de loisirs. Entre architecture design et œuvres d'art contemporain en plein air, fontaines et jardins rafraîchissants, terrasses au bord de l'eau, activités nautiques et attractions pour petits et grands (l'aquarium fait partie des musts), c'est la balade du week-end pour bon nombre de Lisboètes !

❶ ESTAÇÃO DO ORIENTE★★★

Métro, bus et trains desservent la gare monumentale conçue par l'architecte Santiago Calatrava. Dès la descente du métro, la fresque d'azulejos façon pop art de l'Islandais Erró vous plonge dans l'univers marin entre sirènes musclées, pieuvres tentaculaires et tragédie du *Titanic*. En sortant, retournez-vous sur l'architecture spectaculaire de verre et d'acier de la façade, tout droit tirée d'un roman de science-fiction.

Avenida Dom João II.

❷ CENTRO VASCO DA GAMA★★

Inauguré en 1999, c'est le plus design des centres commerciaux lisboètes. Avec ses 170 boutiques réparties sur 46 000 m² et ses 15 millions de visiteurs par an, il symbolise la réussite de la reconversion de cette partie de la ville.

Avenida Dom João II • ☎ 218 930 600 • www.centrovascodagama.pt • T. l. j. 9h-minuit.

❸ PARQUE DAS NAÇÕES★★★

Dédié au thème de l'océan, le site de l'Exposition universelle de 1998 se déploie tout en lignes courbes et blanches. Promenez-vous et admirez le Pavilhão Atlantico, le grand auditorium de Lisbonne aux airs de soucoupe volante, et le Pavilhão de Portugal d'Álvaro Siza Vieira, évoquant une feuille de papier posée sur deux briques. Les enfants vont adorer les volcans d'eau de la Alameda dos Oceanos et les jeux d'eau des jardins d'Água. Face aux jardins Garcia de Orta, qui proposent une promenade exotique dans les anciennes colonies portugaises, la rua da Pimenta aligne cafés et restaurants.

T. l. j. 24/24h • Accès libre.

Esplanada Dom Carlos I • ☎ 218 917 002 • www.oceanario.pt • T. l. j. 10h-20h (18h en hiver) • Entrée plein tarif : 14 €.

❺ PAVILHÃO DO CONHECIMENTO★★★

Un musée moderne, interactif et ludique pour petits et grands ! Dans l'Exploratorium, capturez votre ombre et manipulez une tornade. Dans la salle consacrée aux enfants, ces derniers s'amuseront avec un lit de fakir, une voiture à roues carrées et des jeux pour comprendre les phénomènes scientifiques.

Alameda dos Oceanos • ☎ 218 917 100 • www.pavconhecimento.pt • Mar.-ven. 10h-18h, sam.-dim. et j. f. 11h-19h • Entrée plein tarif : 9 €.

❻ TELECABINE LISBOA★★

Pour une vue épatante sur le Tage, le pont Vasco-da-Gama et le parc des Nations, offrez-vous une balade dans les airs à bord de ce téléphérique suspendu à 30 m de hauteur au-dessus

❹ OCEANÁRIO★★★

L'Oceanário est le plus grand aquarium d'Europe. Un bassin central (l'équivalent de quatre piscines olympiques) et quatre bassins latéraux illustrent les habitats côtiers et sous-marins des océans Indien, Pacifique, Atlantique et Antarctique. Observez l'incroyable poisson-lune et les étonnants dragons de mer !

❼ Pour une pause à couper le souffle : Torre Vasco da Gama★★

C'est l'icône du parc avec ses 145 m de hauteur (l'édifice le plus haut du Portugal) et sa superbe structure métallique en forme de voile de caravelle. Le luxueux hôtel Myriad venu se greffer à la structure donne un petit air de Dubaï aux rives du Tage. Le restaurant panoramique (t. l. j. 12h30-15h30 et 19h30-22h30, menu dégustation : 75 €) et la terrasse sur l'eau du River Lounge Bar invitent à contempler le pont. Sublime !

River Lounge Bar/Restaurant à l'hôtel Myriad • ☎ 211 107 600 • http://myriad.pt • T. l. j. 7h-2h • Résa recommandée.

de l'eau. Il longe les quais sur plus de 1 km (8-12 min), de l'aquarium à la tour Vasco da Gama.

Passeio de Neptuno (station Sud) ou passeio das Tagides (station Nord) • ☎ 218 956 143 • www.telecabinelisboa.pt • Oct.-mars : t. l. j. 11h-18h ; mars-mai : 11h-19h ; juin-sept. : 10h30-20h • Entrée plein tarif : 3,95 € l'aller, 5,90 € A/R.

8 PONTE VASCO DA GAMA**

Ce pont sur le Tage relie la partie orientale de Lisbonne à Montijo. Inauguré en 1998, il permet de résoudre une grande partie des problèmes de circulation entre le nord et le sud du pays. Avec le tunnel sous la Manche, c'est l'un des plus grands projets de génie civil de la fin du XXe s. : pas moins de 18 km (dont dix au-dessus du fleuve) et six voies de circulation ! La technique est celle du pont de Normandie : un pont à haubans avec une travée centrale de 420 m soutenue par deux pylônes de 150 m de hauteur.

18 Sintra, LE « GLORIEUX ÉDEN »

Le nom de « glorieux Éden » donné à Sintra (ou Cintra) par l'écrivain lord Byron lui est resté... À une demi-heure de Lisbonne, c'est aujourd'hui encore le site romantique par excellence. On comprend aisément que la famille royale et la Cour y aient élu domicile et que les poètes et les écrivains du XIXe s. soient venus y chercher l'inspiration...

❶ PALÁCIO NACIONAL DE SINTRA★★★

Le palais de Sintra est un lieu... renversant. Ancienne résidence principale de la Cour, ce château unique en son genre devint le palais d'été préféré des souverains portugais. Imaginez, tout au long de votre visite, Luís de Camões récitant, dans l'une des salles, *Les Lusiades* pour la première fois... ou bien le pauvre roi Afonso VI emprisonné dans l'une des chambres du palais de 1674 à 1683 - à la suite de sa destitution par son propre frère, qui s'empara de son royaume... et de sa femme.

Un palais patchwork

Modelé au goût des monarques qui se succèdent du XIIIe au XVIe s., le palais offre un patchwork de styles étonnant. Dinis Ier lui donna au XIIIe s. des allures de forteresse médiévale. João Ier l'agrémenta à la fin du XIVe s. d'une façade gothique. Enfin, Manuel Ier le transforma au début du XVIe s. en une superbe Alhambra noyée dans la végétation luxuriante.

S'y rendre et se déplacer

Prenez le train à la gare du Rossio (voir p. 192). Comptez 40 min de trajet à travers la banlieue de Lisbonne. Sur place, le bus circulaire Scotturb n° 434 (départ toutes les 15-20 min devant la gare, A/R : 5 €) dessert les principaux sites à visiter : Palácio de Sintra, Castelo dos Mouros et Palácio da Pena. Le bus 435 dessert la Quinta da Regaleira et le bus 733, São Pedro de Sintra.

La Sala Árabe (salle Arabe)

Après la visite de la salle des Archers et des cuisines, pénétrez dans l'univers mauresque de Manuel Ier. Au centre de la Salle arabe, des tritons et des chevaux convoitent un bassin très oriental.

La Sala dos Brasões (salle des Blasons ou du Grand Conseil)

Cette salle du XVIe s. est recouverte d'azulejos bleus représentant des scènes de chasse, de danse et des figures mythologiques. Son plafond octogonal est constellé des 74 blasons de grandes familles du Portugal.

La Sala das Pegas (salle des Pies)

L'ancienne salle de lecture est une illustration sarcastique de João Ier faisant référence aux cancans incessants de ces dames de la Cour. Vous ne serez donc pas surpris de voir des pies au plafond !

El Pátio Central (Patio Central)

Avec sa fontaine entourée de plantes vertes et ses azulejos émaillés, ce patio est digne de ceux de Grenade ou de Séville.

La Sala dos Cisnes (salle des Cygnes)

Cette ancienne salle utilisée pour les banquets (la plus vaste du palais) a conservé son plafond grandiose peint

au XVIIe s. Des cygnes à couronne royale y sont représentés.
Praça da República, Largo Rainha Dona Amélia • ☎ 219 237 300 • www.parquesdesintra.pt • T. l. j. 9h30-19h (18h en hiver, f. 1er janv. et 25 déc.) • Entrée plein tarif : 10 €.

❷ PALÁCIO NACIONAL DA PENA★★★

Sur un piton de la Serra, au cœur d'un superbe parc, le palais de Pena (XIXe s.) fait songer aux châteaux féeriques de Louis II de Bavière. On le doit au prince Ferdinand de Saxe-Cobourg-Gotha, époux de la reine Maria II, qui racheta les ruines d'un couvent pour les transformer en palais. Son architecture fantaisiste mêle styles mauresque, gothique, baroque et Renaissance. Le parc, avec ses pavillons et ses sources, offre de beaux points de vue.
Parque da Pena • ☎ 219 237 300 • www.parquesdesintra.pt • Palais : avr.-oct. t. l. j. 9h45-19h ; nov.-mars t. l. j. 10h-18h • Parc : avr.-oct. t. l. j. 9h30-20h ; nov.-mars t. l. j. 10h-18h. Les horaires varient, se renseigner avant • Entrée plein tarif (palais et parc) : 14 € (nov.-mars : 11,50 €) ; parc slmt : 7,50 €.

❸ CASTELO DOS MOUROS★

Du château des Maures du IXe s., au nord du parc de Pena, il ne reste que les ruines d'une muraille restaurée à la fin du XIXe s. Si vous avez le courage d'y grimper (env. 10 min à pied depuis la billetterie), vous serez récompensé par un sublime panorama sur la vieille ville de Sintra, le palais de Pena et les montagnes environnantes.

Estrada da Pena • www.parquesdesintra.pt • Avr.-oct. : t. l. j. 9h30-20h ; nov.-mars : t. l. j. 10h-18h • Entrée plein tarif : 8 € (billetterie sur le parking).

❹ QUINTA DA REGALEIRA★★

La visite de Sintra, classé au Patrimoine de l'humanité, ne serait pas complète sans la délirante Quinta da Regaleira, à 1 km du centre historique. Ce palais néomanuélin est un parcours initiatique s'inspirant de la symbolique maçonnique.

Barbosa du Bocage • ☎ 219 106 650 • www.regaleira.pt • Avr.-sept. : t. l. j. 10h-20h ; nov.-janv. : t. l. j. 10h-17h30 ; fév.-mars et oct. : t. l. j. 10h-18h30 • Entrée plein tarif : 6 € (visite guidée sur résa : 10 €).

❻ SÃO PEDRO DE SINTRA★★

Le village de São Pedro, à quelques kilomètres de Sintra, est le paradis des antiquaires et de la décoration. Sa foire à la brocante (les 2e et 4e dimanche du mois) et ses nombreuses boutiques sont une bonne occasion de chiner.

❺ Pour une pause *queijadas* : Pastelaria Piriquita et Piriquita Dois★★

Au XIIe s. déjà, les *queijadas* étaient appréciées des rois. La pâtisserie Piriquita, fondée en 1862, a gardé le secret de la fabrication de ses tartelettes au fromage et aux amandes. Essayez aussi les *travesseiros*, une autre spécialité de Sintra, à la crème et aux amandes. Le salon de thé Piriquita Dois, un peu plus haut dans la rue, permet de déguster ces délices assis.

Rua das Padarias, 1 et 18 • ☎ 219 230 626 • T. l. j. sf mer. 9h-21h • Environ 1 € la pâtisserie.

19 La Costa do Sol ET LA RIVE SUD DU TAGE

Bars, clubs p. 159

Envie de lézarder sur le sable ou de prendre un bain vivifiant dans les eaux de l'Atlantique ? Grâce au train du littoral, les plages de la Costa do Sol sont à portée de Lisbonne ! L'occasion de découvrir la Riviera, curieux mélange de cités balnéaires chic, de banlieues résidentielles et de fortifications datant du XVIIe s. Un splendide panorama sur Lisbonne vous attend sur l'autre rive du Tage. Pour y aller, voir p. 192.

❶ PRAIA DOS CARCAVELOS*

À 20 min en train de la gare de Cais do Sodré, cette longue plage de sable doré est la plus facile d'accès depuis Lisbonne. Revers de la médaille, c'est aussi l'une des plus courues en été. Au programme, bronzette et farniente (location de transats et de parasols), sports de plage et plaisirs de la glisse : kayak de mer, kite-surf et surf. Bars et restaurants en bordure de plage. **Trains toutes les 15 min depuis Cais do Sodré, dir. Oeiras et Cascais, arrêt Carcavelos.**

❷ ESTORIL**

La réputation d'Estoril remonte aux années 1930. Tout le beau monde de l'époque s'y retrouvait en villégiature. Dans les années 1940, les têtes couronnées d'Europe s'y réfugièrent dans un exil doré : Umberto II d'Italie, Carol II de Roumanie, le comte de Paris. Après guerre, le faste de la Riviera attira les stars du grand écran, Rita Hayworth, Orson Wells, Grace Kelly. Aujourd'hui, Estoril reste un rendez-vous mondain. Beaucoup de familles aristocratiques et de personnalités du show-biz y ont encore une villa et se retrouvent pour le Grand Prix de formule 1, sur les terrains de golf ou au plus grand casino d'Europe (☎ 214 667 700, www.casino-estoril.pt, t. l. j. 15h-3h). Pour un bon bol d'air, suivez le chemin côtier jusqu'à Cascais (1 km).

❸ CASCAIS★★

Lieu de villégiature depuis le XIXe s. mais moins guindé qu'Estoril, Cascais a conservé le charme d'un village de pêcheurs avec son petit port et sa criée. Entre farniente sur la plage grande comme un mouchoir de poche et pause glace chez Santini (avenida Valborn, 28, ☎ 214 833 709, t. l. j. 11h-minuit), filez admirer les trésors indo-portugais du Palácio dos Condes de Castro Guimarães (avenida Rei Humberto II de Itália, ☎ 214 815 304, mar.-dim. 10h-13h et 14h-17h, 3 €) ou les œuvres de Paula Rego à la Casa das Histórias (avenida da República, 300, ☎ 214 826 970, www.casadashistoriaspaularego.com, mar.-dim. 10h-18h, f. 1er jan., 1er mai et 25 déc., entrée : 3 €).

❹ PRAIA DO GUINCHO★★

Vous pouvez rejoindre la plage de Guincho par une piste cyclable en louant un vélo gratuitement à la gare de Cascais (biCas, t. l. j. 8h-19h, 9h-17h oct.-avr., avoir plus de 16 ans et présenter sa carte d'identité). En chemin, la Boca do Inferno forme un gouffre spectaculaire où l'eau vient se fracasser sur la roche par jour de tempête. Balayée par les vents, la plage de Guincho, célèbre pour ses rouleaux impressionnants, attire surfeurs et véliplanchistes du monde entier. À défaut de se jeter à l'eau (baignade dangereuse !), c'est un spot idéal pour observer l'Atlantique rugissant.

❺ CABO DA ROCA**

« Onde a terra acaba e o mar começa », selon Luís de Camões. Littéralement : « Où finit la terre et commence la mer. » Le cap da Roca, point le plus à l'ouest du continent européen, est un bout de lande rappelant la Bretagne : une végétation d'ajoncs battus par les vents et les rouleaux de l'Océan qui se brisent sur les rochers. Seul le phare témoigne depuis 1772 du passage des hommes sur ces terres désolées. On se sent vraiment au bout du monde.

❼ CRISTO REI*

Copie de la statue du Christ du Corcovado à Rio de Janeiro, le Cristo Rei trône à l'embouchure du Tage. Construit en 1959, il est perché sur l'une des plus hautes collines de la rive gauche, sur un piédestal de 80 m. Un ascenseur permet d'accéder à sa terrasse panoramique. La vue sur la ville y est splendide !
Almada, Bac Cais do Sodré-Cacilhas/ Almada, puis bus 101, arrêt Cristo Rei • ☎ 212 751 000 • www.cristorei.pt • T. l. j. 9h30-18h (19h en été) • Entrée plein tarif : 5 €.

❻ Pour une pause sur l'« outra banda »**

De Lisbonne, pour aller sur l'autre rive, il suffit de prendre le bac à Cais do Sodré pour Cacilhas (voir p. 192) et de marcher le long du Tage (Cais do Ginjal) pendant 15 min. À droite, le clapotis du fleuve, à gauche, les bâtiments ruinés des anciens docks. La nuit, ambiance polar garantie... Plusieurs restaurants romantiques attendent toutefois les promeneurs.

Atira-te ao Rio : dans un cadre bleu et blanc, une carte internationale, avec un détour par le Brésil. **Rua do Ginjal, 69, Almada • ☎ 212 751 380 • www.atirateaorio.pt • Mar., jeu.-dim. 12h30-22h30 ; mer. 17h30-22h30.**

Restos & bistrots

PAR QUARTIER

Les coups de cœur DE NOTRE AUTEUR

Cuisine traditionnelle, créative, moderne ou généreuse, Lisbonne regorge de lieux sympas qui invitent à la dégustation. Parmi tous ceux que notre auteur a testés, voici ses adresses préférées :

TABERNA DA RUA DAS FLORES

Mignon, simple et bon, mon adresse fétiche pour savourer une cuisine 100 % lisboète. Voir p. 133.

MERCEARIA DO SÉCULO

La douce Fernanda me régale toujours avec ses petits plats portugais ultra-frais. Voir p. 125.

Mercearia do Século

Fábrica Lisboa

THE FOOD TEMPLE

Pour mes humeurs *healthy* : une petite cantine végétarienne et sa terrasse sympa. Voir p. 131.

FÁBRICA LISBOA

Ma boulangerie bobo de repli si je suis en manque de croissant frais. Voir p. 117.

CAFÉ DO MONTE

Adorable petit café bohème, mon spot favori à Graça pour luncher léger. Voir p. 131.

ATALHO REAL

Un dîner entre *amigos* carnivores ? Je réserve illico une table dans le jardin d'Atalho Real. Voir p. 126.

À SAVOIR

OÙ MANGER ?

Pour les petits prix on va dans une ***tasca*** ou une ***casa de pasto,*** petit restaurant populaire proposant une cuisine familiale, roborative et bon marché. Tendance du moment, la ***taberna*** traditionnelle revisitée par de jeunes chefs joue aussi la carte des bons petits plats à prix doux mais dans un décor plus stylé. Bières, poissons et fruits de mer sont au menu des ***cervejarias*** (brasseries) et ***marisqueiras*** tandis que la ***churrasqueira*** est spécialisée dans les viandes grillées. Enfin, on pourra goûter à toutes les cuisines des anciennes colonies portugaises (Cap-Vert, Mozambique, Brésil, Macao...) ou à la cuisine fusion de chefs créatifs.

EN PRATIQUE

Attention, les ***petiscos*** (des amuse-gueules servis en début de repas sans que vous les ayez commandés), le pain et le beurre, et parfois le couvert *(coperto),* sont facturés, de même que l'eau, toujours servie en bouteille. Refusez tout de suite ce que vous ne voulez pas consommer car ce sont autant d'éléments qui viendront gonfler l'**addition.** Le service étant compris, le **pourboire** est facultatif, mais bienvenu. Les cartes bancaires ne sont pas toujours acceptées.

LES BONS PLANS

Dans les petits établissements populaires, les portions sont abondantes (petits appétits, se méfier !), mais vous pouvez demander une ***meia dose*** (demi-portion) ou **partager un plat à deux** *(dose),* cela se fait. De la petite à la grande table, les tarifs sont plus intéressants le midi que le soir. Le plat du jour *(prato do dia)* et le menu du jour (*ementa* ou *menu do dia*) sont les formules les plus avantageuses. Enfin, cafés et pâtisseries proposent souvent des plats salés bon marché au déjeuner.

SE REPÉRER

Chaque adresse de restaurant est associée à une pastille orange numérotée. Vous retrouverez toutes les adresses positionnées sur le plan détachable.

Restos & bistrots PAR QUARTIER

Baixa (quartier 1 - p. 24)

① FÁBRICA LISBOA
Café-boulangerie

Débordant d'objets rétro, ce petit café-boulangerie attire les jeunes bobos du quartier avec ses croissants frais en version sucrée ou salée : compote, Nutella, jambon/fromage, saumon... Également au menu, des soupes traditionnelles portugaises, des sandwichs au pain rustique, des tartines, des quiches et des salades. Sans oublier les viennoiseries, pâtisseries et cheesecakes maison pour le goûter.

Rua da Madalena, 121 (E4), M° Rossio ou tram 28E, arrêt Largo da Madalena • www.fabricalisboa.com • Mar.-ven. 8h-20h, sam.-dim. 9h-19h • Snack : 1,90-4,70 € ; salade : env. 7,50 €.

Can the Can

② CAN THE CAN
Petiscos

Une ode à la conserve portugaise ! Can the Can a fait le pari de rendre la bonne vieille boîte de sardines trendy en l'intégrant à des plats gourmets. *Muxama de atum* (filets de thon séché, tapenade et zeste d'orange), maquereau mariné au citron et purée de patates douces ou simple tartine de morue... autant de *petiscos* à picorer sous le grand lustre (constitué de 3 000 boîtes de conserves !) ou sur la terrasse. Fado ou DJ certains soirs, et souvenirs portugais côté boutique.

Praça do Comercio, 82/83 (E5), M° Terreiro do Paço • ☎ 218 851 392 • www.canthecanlisboa.com • T. l. j. 9h-minuit • Plat : 10-18 € ; sandwich : 6,50 €.

VOIR AUSSI :

Café Martinho da Arcada | p. 26 | E4-5 ③

Rossio (quartier 2 - p. 30)

④ BONJARDIM
Portugais

Bienvenue chez le « Rei dos Frangos », le roi des poulets depuis les années 1950 ! Les visiteurs ont fini par se mêler aux habitués de cette table traditionnelle pour déguster à petit prix le poulet rôti au *piri-piri*. Faites comme eux et choisissez la terrasse pour profiter de l'animation ou d'un dîner à la fraîche. Une bonne solution de repli pour échapper aux « menus touristiques » sans saveur du quartier.

Travessa de Santo Antão 7-11 (D3), M° Restauradores • ☎ 213 424 389 • T. l. j. 12h-23h30 • Demi-poulet : 6,80 €.

⑤ GAMBRINUS
Poissons et fruits de mer

Perdu au milieu des restaurants touristiques, c'est depuis 1936 l'un des meilleurs restaurants de poisson et de fruits de mer de la capitale. Une institution haut de gamme où s'attablent les célébrités. La *sopa rica de peixe*, une soupe de la mer servie le mercredi (32 €), fait partie des musts. L'option snack au comptoir est moins onéreuse.

Rua das Portas de Santo Antão, 23 (E3), M° Restauradores • ☎ 213 421 466 • www.gambrinuslisboa.com • T. l. j. 12h-1h30 • Plat : 25-50 € • Résa conseillée.

⑥ BASTARDO
Portugais moderne

Caché au premier étage de l'Internacional Design Hotel, Bastardo séduit aussi bien par sa déco pétillante et sa vue sur la place du Rossio que par sa cuisine portugaise twistée par le chef Luís Rodrigues : morue aux pois carrés, cœur de chou et cacahuètes, sardines frites aux tomates et basilic, ceviche

Quelques spécialités

Parmi les grands classiques, on trouve le *bife à portuguesa* (steak au porto), le *porco à alentajana* (porc aux palourdes), l'*arroz de mariscos* (riz aux fruits de mer), le *cozido à portuguesa* (pot-au-feu), la *feijoada* (haricots rouges ou blancs accompagnés de *chouriço*) ou l'*açorda de marisco* (purée de poisson). Goûtez aux soupes comme le *caldo verde* (soupe aux choux et *chouriço*) ou la *caldeirada* (soupe du pêcheur). Et puis régalez-vous d'une ribambelle de fruits de mer et poissons grillés ou rôtis, fraîchement pêchés dans l'Atlantique ! Les amateurs de viandes préféreront peut-être un *frango* (poulet) grillé à la braise dans une *churrasqueira*.

de morue aux algues wakamé (11 €) patate douce et limonade...
Rua da Betesga, 3 (E4), M° Rossio • ☎ 213 240 993 • www.restaurantebastardo.com • T. l. j. 7h-minuit • Plat : 8-17 € ; menu du jour : 15 € • Résa conseillée.

⑦ CAFÉ NICOLA
Café-restaurant

Devant la façade Art nouveau ou dans la salle Art déco, difficile d'imaginer qu'il s'agit de l'un des plus vieux cafés de Lisbonne. Ouvert au XVIIIe s., le prestigieux café littéraire a vu défiler politiciens, artistes et écrivains célèbres. Les prix sont un peu élevés, on peut donc se contenter d'un café pour profiter de la terrasse (1,50 €).
Praça Dom Pedro IV, 24/25 (E4), M° Rossio • ☎ 213 460 579 • T. l. j. 8h-minuit • Fado : ven.-sam. 20h30-minuit • Plat : autour de 20 €.

⑧ PASTELARIA SUIÇA
Pâtisserie

Ouverte en 1922, cette grande pâtisserie lisboète n'a certes plus le charme d'antan, mais elle demeure une véritable institution. Ses jus de fruits frais et ses gâteaux (2,70 € env.) ravissent les visiteurs le temps d'une pause en terrasse (prix majorés), côté Rossio ou praça da Figueira. C'est ici que le croissant français a fait sa première apparition au Portugal au début du XXe s.
Praça Dom Pedro IV, 96/104 (E3), M° Rossio • ☎ 213 214 090 • T. l. j. 7h-21h • Pâtisserie : 1,25-1,95 €.

VOIR AUSSI :

Confeitaria Nacional | p. 32 | E4 ⑨

Chiado (quartier 3 - p. 34)

⑩ KAFFEEHAUS
Café

Ce café viennois planté au cœur du Chiado propose une cuisine en continu : soupe du jour (2,40 €), croissant au jambon, salades, tartines garnies, strudel aux pommes, hamburger au speck et tzatziki, plateaux de fromages... Un rendez-vous bohème et un poil intello pour ceux qui aiment bouquiner autour d'un chocolat viennois ou siroter une bière artisanale portugaise.
Rua Anchieta, 3 (D4), M° Baixa-Chiado

Kaffeehaus

• ☎ 210 956 828 • www.kaffeehaus-lisboa.com • Lun. 12h-16h, mar.-ven. 12h-minuit, sam. 11h-minuit, dim. 11h-20h • Plat : 10,90-16,90 €.

⑪ CONSERVEIRA DA TRINDADE
Portugais-conserve

Ce bar-boutique est grand comme une boîte de sardines et ça tombe bien puisque c'est ce que l'on vous propose de déguster ici. Les meilleures spécialités de conserves (sardines, maquereau, thon...) s'accompagnent de bière, d'excellents vins du Douro ou de gin selon les goûts. Profitez-en pour faire vos provisions.

Rua Nova da Trindade, 11 (D4), Mº Baixa-Chiado • ☎ 213 461 074 • www.conserveiradatrindade.pt • T. l. j. 10h30-23h • Menu : 5,50 €, 7 € et 10 €.

⑫ AQUI HÁ PEIXE
Poissons et fruits de mer

« Ici il y a du poisson » et certainement pas celui des fermes d'élevage mais en provenance directe de l'océan. Fraîcheur et cuisson parfaite, c'est l'adresse

Les meilleures PÂTISSERIES

Difficile de résister aux douceurs d'un en-cas à Lisbonne. *Pastéis de nata, lérias* (gâteaux aux amandes), chocolat chaud... Il y a toujours quelque chose à goûter !

CONFEITARIA NACIONAL

La plus ancienne de Lisbonne... Voir p. 32.

PASTELARIA SÃO ROQUE

Délicieuse pâtisserie attachante et populaire. Voir p. 128.

PASTÉIS DE BELÉM

Une institution qui sert des *pastéis de nata* à Belém depuis 1837 ! Voir p. 92.

CASA DE CHÁ DE SANTA ISABEL (VICENTINAS)

Le meilleur goûter de Lisbonne, et les recettes sont reversées à des œuvres sociales. Voir p. 137.

CONFEITARIA IMPERIAL

De délicieuses pâtisseries dans une ambiance de café authentique. Voir p. 135.

incontournable du Chiado pour un repas iodé dans une ambiance décontractée. Pour les allergiques au poisson et aux fruits de mer, il y a une option *picanha* brésilienne. Seul bémol, l'incitation à la consommation, un peu pesante...

Rua da Trindade, 18 A (D4), M° Baixa-Chiado • ☎ 213 432 154 • www.aquihapeixe.pt • Mar.-jeu. 12h-15h et 19h30-23h30, ven.-sam. 19h30-23h30 • Plat : 17-22 €.

⑬ BUENOS AIRES
Argentin

Quelques tables dressées à l'extérieur, une vue plongeante sur la Baixa... Et à l'intérieur, des boiseries, du mobilier années 1920 et une déco inspirée du fado et du tango. Dans les assiettes, de grosses tartines, des pâtes fraîches, de la viande d'Argentine, des feuilletés d'aubergine... En dessert, le caramel maison sur le fondant au chocolat est succulent.

Calçada do Duque, 31 B (D4), M° Rossio ou Restauradores • ☎ 213 420 739 • T. l. j. 18h-2h • Plat : 15-18,50 € ; tartine : env. 10 € • Espèces uniquement • Résa conseillée.

⑭ CERVEJARIA TRINDADE
Brasserie

Dans le brouhaha de cette immense brasserie historique ouverte depuis 1836 (l'une des premières de Lisbonne), la cuisine portugaise traditionnelle est à l'honneur : poissons, fruits de mer, viandes et sandwichs au bon rapport qualité-prix. Le lieu ne manquera pas de vous étonner puisqu'il s'agit du réfectoire d'un ancien couvent, tout décoré d'azulejos anciens.

Rua Nova da Trindade, 20C (D4), M° Baixa-Chiado • ☎ 213 423 506 • www.cervejariatrindade.pt • Dim.-jeu. 10h-minuit, ven.-sam. 10h-1h • Menu : 16 € et 23 €.

⑮ FÁBULAS
Café

Pour boire un café bien calé dans un fauteuil, grignoter une tartine gourmande sur une machine à coudre, partager un repas sur une table rustique ou siroter un verre de *vinho verde* (env. 4 €) sur la terrasse...

Calçada Nova de São Francisco, 14 (D-E4), M° Baixa-Chiado • ☎ 216 018 472 • www.fabulas.pt • Lun.-jeu. 11h-minuit, ven.-sam. 11h-1h • Plat : 10-16 €.

⑯ CAFÉ NO CHIADO
Café

Chic et élégant, ce restaurant voisin du théâtre São Carlos propose de délicieuses pâtisseries : prenez place en terrasse et goûtez à la tarte au citron meringuée ou au gâteau au chocolat ! Ajoutez-y un petit expresso (1,20 €) et vous voici paré pour continuer la journée !

Largo do Picadeiro, 10-12 (D4), M° Baixa-Chiado • ☎ 213 460 501 • www.cafenochiado.com • T. l. j. 10h-2h • Menu midi : 12,50 € ; pâtisserie : env. 5 €.

Petiscos EN TOUT GENRE

Pas de séjour à Lisbonne sans déguster ces délicieux petits plats si variés. Servis en hors-d'œuvre, c'est un peu l'équivalent des tapas espagnoles. Ils sont de plus en plus élaborés : curry de crevettes, *pastéis de bacalhau* (beignets de morue), *amêijoas à bulhão pato* (palourdes à l'huile d'olive, coriandre et ail), *croquetes de galinha* (croquettes de poulet), *pãezinhos de queijo* (petits soufflés au fromage), *saladinha de polvo* (salade de poulpe)… L'art de grignoter à la portugaise ! Voici notre top 3…

CAN THE CAN

Petiscos trendy dans un temple de la conserve portugaise. Voir p. 117.

CONVERSAFIADA

Les traditionnels *petiscos* dans une taverne conviviale. Voir p. 125.

ESTRELA DA BICA

Petiscos d'ici et d'ailleurs, ambiance jeune et chaleureuse. Voir p. 133.

Voir aussi dans le chapitre « Bars & clubs » : **Mini Bar Teatro**, p. 144 ; **Tascabeat do Rosário**, p. 150 ; **Botequim**, p. 152.

⑰ BELCANTO
Gastronomique

Ce classique du Chiado des années 1950 a trouvé un second souffle depuis que José Avillez y a posé ses casseroles. Le jeune chef chéri des médias y revisite la cuisine portugaise avec audace et une grande maîtrise technique, flirtant avec la cuisine moléculaire. Côté salle, ambiance intimiste et décontractée en compagnie de la bourgeoisie locale. L'une des meilleures tables de Lisbonne.

Largo de São Carlos, 10 (D4), Mº Baixa-Chiado • ☎ 213 420 607 • www.belcanto.pt • Mar.-sam. 12h30-15h et 19h-23h • Menu : 145-300 € • Résa conseillée.

⑱ CANTINHO DO AVILLEZ
Portugais moderne

C'est l'une des tables du jeune chef star portugais José Avillez, doublement étoilé pour ses petits miracles culinaires au célèbre Belcanto (voir ci-dessus). Mais la bonne nouvelle, c'est que le « petit coin d'Avillez » est une cantine relax et branchée tout

à fait abordable où l'on peut se régaler de plats portugais revisités. Allez-y plutôt au déjeuner.
Rua dos Duques de Bragança, 7 (D5), M° Baixa-Chiado, tram 28E, arrêt Rua Vítor Cordon • ☎ 211 992 369 • www.cantinhodoavillez.pt • Lun.-ven. 12h30-15h et 19h-minuit, sam.-dim. 12h30-minuit • Plat : 16,80-21,25 € ; menu : 35-40 € • Résa conseillée.

⑲ VERTIGO CAFÉ
Café

Ambiance cosmopolite et bohème dans ce café au parfum rétro. Sur fond de musique années 1930 ou indé, on opte pour une soupe ou une tartine avec salade avant de fondre pour un gâteau au chocolat.
Travessa do Carmo, 4 (D4), M° Baixa-Chiado • ☎ 213 433 112 • Lun.-sam. 11h-19h • Tartine : 5 €.

⑳ LARGO
Portugais

Le restaurant de Miguel Castro e Silva, déjà acclamé pour ses prouesses culinaires au Bull & Bear de Porto, a créé la sensation dans le Chiado. Dans le cloître d'un ancien couvent, la déco sophistiquée signée Miguel Câncio Martins étonne avec ses aquariums aux méduses phosphorescentes. Dans l'assiette, des plats portugais élaborés ou classiques, tel le *bacalhau 80° de cura Portuguesa* (morue cuite à 80 °C) (21,50 €).
Rua Serpa Pinto, 10 A (D4), M° Baixa-Chiado • ☎ 213 477 225 • www.largo.pt • T. l. j. 12h30-15h et 19h30-minuit • Menu midi : 18 € ; plat : 18,50-24 € • Résa conseillée.

㉑ GELADOS SANTINI
Glacier

Plus besoin de filer à Cascais pour goûter aux divines glaces de Santini ! Depuis 1949, les saveurs naturelles (plus de 200 parfums) de ces *gelados* font le bonheur de tous : ananas des Açores, melon, fruit de la Passion, nougat...
Rua do Carmo, 9 (E4), M° Baixa-Chiado • ☎ 213 468 431 • www.santini.pt • T. l. j. 11h-minuit • Glace : 2,90 €/boule.

VOIR AUSSI :
A Brasileira | p. 36 | D4 ㉒

Bairro Alto (quartier 4 - p. 38)

㉓ ROSA DA RUA
Portugais traditionnel

Quand le buffet se la joue chic, cela donne Rosa da Rua, un petit restaurant chaleureux, éclairé de lampes vintage et baigné de musique jazzy. On se sert à volonté de salades, de viandes et poissons en sauce accompagnés de riz, pâtes ou légumes. Rapport qualité-prix imbattable pour le quartier !
Rua da Rosa, 265 (D3), bus 202 ou 758, arrêt São Pedro de Alcântara

Rosa da Rua

• ☎ 213 432 195 • www.rosadarua.pt • Lun.-sam. 12h-15h et 19h30-23h • Buffet à volonté : 11 € le midi (14 € mer. et sam.) et 13,50 € le soir.

㉔ A CULTURA DO HAMBÚRGUER
Burgers

Ces dernières années, Lisbonne a succombé à la vogue des burgers. En témoigne ce restaurant au décor cosy avec ses sofas et chandeliers, proposant de généreux hamburgers façon lisboète, des *pregos* (sandwichs au steak) ainsi qu'une rafraîchissante limonade maison (2,50 €). Simple et bon, certes pas inoubliable, mais on appréciera le service souriant et sympathique.

Rua das Salgadeiras, 38 (D4), M° Baixa-Chiado • ☎ 213 430 272 • Lun.-ven. 12h-minuit, sam.-dim. 12h30-minuit • Hamburger : 5,90-8,70 €.

㉕ SEA ME
Poissons et fruits de mer

Sea Me a inventé le concept de poissonnerie moderne. On peut y acheter le poisson du jour pêché sur la côte, à emporter ou déguster sur place, préparé à la portugaise ou en sushi. Pour les mordus de cuisine iodée !

Rua do Loreto, 21 (D4), M° Baixa-Chiado • ☎ 213 461 564 • www.peixariamoderna.com • Lun.-ven. 12h30-15h30 et 19h30-minuit (1h ven.), sam. 12h30-1h, dim. 12h30-minuit • Plats à partir de 19 €.

㉖ A PADARIA PORTUGUESA
Boulangerie-pâtisserie

Cette boulangerie moderne ne désemplit pas. Et pour cause, on y trouve des formules à des prix défiant toute concurrence pour le petit déjeuner (café, gâteau, jus d'orange, sandwich) et le déjeuner (soupe, sandwich et jus d'orange, menu salade). N'oubliez pas de prendre un ticket pour passer commande et de faire la queue au bon comptoir : sur place ou à emporter.

Praça Luís de Camões, 44 (D4), M° Baixa-Chiado ou tram 28E, arrêt Praça Luís de Camões • ☎ 213 426 346 • www.apadariaportuguesa.pt • T. l. j. 7h30-23h30 • Menu midi : 5,95 € ; petit déjeuner : 2,50 €.

㉗ SUL
Viande

Pas de doute, ils savent cuire la viande, en témoigne le délicieux filet de bœuf d'Uruguay saignant. La carte du chef (argentin) fait aussi d'heureux mélanges et des détours par l'Italie avec le risotto, mais la grande spécialité reste la pierrade (bœuf, porc ibérique). Une adresse sympathique.

Rua do Norte, 13 (D4), Mº Baixa-Chiado, ou tram 28E, arrêt Praça Luís de Camões • ☎ 213 462 449 • Dim.-ven. 19h30-2h, sam. 13h-2h • Grillade, pierrade : 15-25 €.

㉘ 100 MANEIRAS
Gastronomique

De la grande cuisine à prix abordable ! Le menu dégustation se renouvelle chaque saison en fonction des produits du marché.

100 Maneiras

Une deuxième adresse, version bistrot : largo da Trindade, 9 (D4), lun.-sam. 19h30-2h (cuisine ouverte jusqu'à minuit).

Rua do Teixeira, 35 (D3), bus 202 ou 758, arrêt Elevador da Glória • ☎ 910 307 575 • www.restaurante100maneiras.com • T. l. j. 19h30-2h (cuisine jusqu'à 23h) • Menu dégustation : 58 € • Résa conseillée.

VOIR AUSSI :
Manteigaria | p. 39 | D4 ㉙

Príncipe Real (quartier 5 - p. 42)

㉚ MERCEARIA DO SÉCULO
Portugais sur le pouce

Poussez la porte de cette adorable épicerie de poche. Vous pourrez y faire vos emplettes de produits portugais (confitures, conserves, vins, bières artisanales...) et vous attabler autour de bons petits plats portugais, mais aussi végétariens ou sans gluten concoctés comme à la maison (env. 3,50 €) par Fernanda. Et pour la pause de fin d'après-midi, d'appétissants gâteaux maison sous cloche qui font de l'œil aux gourmands.

Rua de Século, 145 (C3), bus 702, 758, 773, arrêt Príncipe Real • ☎ 966 921 280 • Mar.-mer. 9h-18h, jeu.-sam. 9h-23h • Menu du jour : 9,80 € (en sem.).

㉛ CONVERSAFIADA
Petiscos

Avec sa poignée de tables rétro et ses tableaux noirs éclaboussés de

mots à la craie, cette petite taverne moderne et conviviale invite à la conversation autour de *petiscos* : crevettes à l'ail, *pica-pau*, salade de poulpe, *bifana* (sandwich au porc), steak de thon, conserves et planchettes de fromages ou de charcuterie. Au dessert, fondez pour une pomme rôtie au porto.
Travessa da Palmeira, 44-46 (C3), bus 773, arrêt Rua da Palmeira • ☎ 914 882 288 • Lun.-sam. 12h-15h et 19h-21h • *Petiscos* : 3,60-12 €.

㉜ O PREGO DA PEIXARIA
Sandwichs

Prego ou le petit « clou » qu'on enfonce pour terminer un repas ! Ce restaurant fort chaleureux a fait de ces petits sandwichs portugais à la viande ou au poisson son concept : thon des Açores, *carne de lombo*, fromage et pancetta... servis dans un *bolo de caco*, du pain de Madère. À dévorer autour de tables communes sous des grappes d'ampoules vintage ou dans la salle décorée façon street art, où officient parfois des DJ.
Rua da Escola Politécnica, 40 (C3), bus 202, 758, 773, arrêt Rua da Escola Politécnica • ☎ 213 471 356 • www.opregodapeixaria.com • Dim.-jeu. 12h30-minuit, ven.-sam. 12h30-1h • *Prego* : 8,50 €.

㉝ ATALHO REAL
Viande

D'humeur carnassière ? Filez au sous-sol du palais Embaixada où se niche l'un des meilleurs restaurants de viande de Lisbonne. Soigneusement sélectionnées, ces pièces de bœuf grillées (*picanha* écossaise, bœuf à la new-yorkaise, filet...), proposées en plat ou en sandwich, laisseront un souvenir tendre et fondant à vos papilles. L'idéal est de s'attabler dans le jardin pour profiter de la verdure en pleine ville.
Calçada da Patriarcal, 40 (C3), M° Rato • ☎ 213 460 311 • www.grupoatalho.pt • Dim.-mer. 12h-23h, jeu.-sam. 12h-minuit • Burger et sandwich : 6,70-7,80 € ; plat : 11-15 €.

㉞ A CEVICHERIA
Amérique du Sud

C'est un poulpe géant aux tentacules déployées qui vous accueille dans ce petit restaurant branché et animé de Príncipe Real. Spécialisé dans la cuisine sud-américaine et plus particulièrement les tapas péruviennes, on s'y régale de rafraîchissants ceviches (poisson cru mariné dans du jus de citron) arrosés de pisco sour, un cocktail péruvien old-school d'où provient, probablement, la bonne humeur qui règne ici !

A Cevicheria

Rua Dom Pedro V, 129 (C3), bus 202, 758 ou 773, arrêt Príncipe Real • ☎ 218 038 815 • T. l. j. 12h30-minuit • Plat : 6,70-14,70 € ; menu dégustation (6 plats) : 35 €.

㉟ PÃO DE CANELA
Restaurant-pâtisserie

Sur la jolie « place des Fleurs », les terrasses de ce restaurant-bar-*pastelaria* sont fréquentées par les Portugais et les touristes. À chaque jour son menu (omelettes, poissons grillés...) ou ses salades, sandwichs, fruits frais, oranges pressées... Le brunch du week-end est servi sur la terrasse voisine.

Praça das Flores, 25-29 (C3), bus 773, arrêt Praça das Flores • ☎ 213 972 220 • www.canela.pt • T. l. j. 7h-20h (7h30-23h en été) • Plat : 7-12 € ; brunch (sam.-dim. 10h-17h) : 18 €.

㊱ LA PAPARRUCHA
Argentin et portugais

Avec ses spécialités de viandes grillées venant de Patagonie et son immense baie vitrée à la vue exceptionnelle, ce restaurant argentin est l'un des endroits les plus courus de la capitale. Buffet de mets portugais.

Rua Dom Pedro V, 18/20 (D3), M° Restauradores, puis ascensor da Glória et bus 758, arrêt São Pedro de Alcântara • ☎ 213 425 333 • www.lapaparrucha.com • Lun.-ven. 12h-23h30, sam.-dim. 12h30-23h30 • Menu : 35 € ; buffet midi (lun.-ven. sf j. f.) : 12,50 €.

㊲ COMIDA DE SANTO
Brésilien

Ce restaurant brésilien est idéal pour dîner en amoureux. Après la caïpirinha maison, tentez la *moqueca de peixe* ou de *camarão* (poisson ou crevettes au lait de coco) ou la *feijoada à brasileira* (16,50 €), le fameux plat à base de viande et de haricots noirs. Bonne humeur garantie.

Calçada Engenheiro Miguel Pais, 39 (C3), M° Rato, bus 202 ou 758, arrêt Rua da Escola Politécnica • ☎ 213 963 339 • www.comidadesanto.pt • Mer.-lun. 12h30-15h30 et 19h30-minuit • Plat : 12-16 €.

Les fameux *pastéis de nata*

Ces petits flans crémeux, lovés dans une coque en pâte feuilletée, sont à consommer partout, servis tièdes et saupoudrés de cannelle. Une véritable institution à Lisbonne, autant que le sont les tramways, la morue ou le fado ! Il faudra aussi goûter aux douceurs de couvent comme le *toucinho do céu* (le « lard du ciel », pâtisserie aux amandes) ainsi qu'aux deux grandes spécialités de Sintra que sont les *queijadas* (tartelettes au fromage blanc) et les *travesseiros* (feuilletés aux amandes).

Le top des RESTOS BON MARCHÉ

Il est possible de bien manger pour vraiment pas cher à Lisbonne. Voici notre sélection à prix doux...

VERTIGO CAFÉ

Soupes et tartines dans un café bohème. Voir p. 123.

A PADARIA PORTUGUESA

Pour manger sur le pouce à des prix imbattables. Voir p. 124.

O TRIGUEIRINHO

Chouette cantine populaire dans la Mouraria. Voir p. 131.

A MERENDEIRA

Saura satisfaire les fringales des noctambules à moindre frais ! Voir p. 136.

ROSA DA RUA

Buffet à volonté dans une ambiance sympatique. Voir p. 123.

38 PASTELARIA SÃO ROQUE

Pâtisserie

Des mamies grignotent ici des *pastéis* (0,90 €), assises à des tables en plastique dans une surprenante rotonde début XXe s., entre colonnes de marbre, bas-reliefs et panneaux d'azulejos... Un lieu attachant et populaire sans la prétention empesée des pâtisseries « historiques ».

Rua Dom Pedro V, 57 (D3), M° Restauradores, puis ascensor da Glória et bus 202 ou 758, arrêt São Pedro de Alcântara • ☎ 213 224 356 • T. l. j. 7h-minuit.

39 TEASE BAKERY

Salon de thé

Enfoncez-vous dans un fauteuil de velours pour siroter un milk-shake Kurt Cobain à la vanille (3 €) ou un Iggy Pop au café accompagné d'un cupcake aux fruits des bois (2,20 €). Pas de doute, ce petit salon de thé girly et rock'n'roll est le plus branché de Lisbonne.

Rua Nova da Piedade, 15 (C3), bus 773, arrêt Praça das Flores • ☎ 914 447 383 • www.tease.pt • Dim.-jeu. 9h-21h, ven.-sam. 9h-23h.

VOIR AUSSI :

Lost In | p. 44 | D3 40

De l'Alfama au Castelo (quartier 6 - p. 46)

㊶ PORTAS DO SOL
Resto branché

Une immense terrasse trendy face au Tage : difficile de faire mieux pour la vue ! On s'enfonce dans un des canapés pour déjeuner d'une salade ou d'un plat méditerranéen, siroter un jus de fruits frais aux heures chaudes ou partager un cocktail en amoureux au clair de lune.

Largo das Portas do Sol/Beco de Santa Helena (F4), tram 12E, arrêt São Tomé • ☎ 218 851 299 • www.portasdosol.biz • T. l. j. 10h-1h • Sandwich et salade : 6,50-10 €.

㊷ BELMONTE CULTURAL CLUB
Café

La cour du palais Belmonte (XVe s.), transformé en hôtel de luxe, abrite un café chic décoré d'œuvres d'art contemporain où vous pourrez savourer un excellent café, de délicieux jus de fruits frais 100 % naturels (4 €) et des salades gourmandes généreuses - quoique un peu chères - composées de produits de saison issus de petites fermes bio.

Páteo Dom Fradique, 14 (F4), trams 12E ou 28E, arrêt Castelo • ☎ 218 816 600 • www.palaciobelmonte.com • T. l. j. 10h-19h (21h en été) • Salade : 16-24 €.

㊸ A TRAVESSA DO FADO
Portugais traditionnel

Il ne s'agit pas d'une maison de fado mais d'un restaurant adossé au musée du Fado, que l'on doit aux propriétaires du célèbre A Travessa (p. 136). En salle ou en terrasse, on se régale de cassolettes et petits plats portugais traditionnels

Petit lexique du café

Commander un café ou un thé peut se révéler un peu compliqué, mais il suffit de savoir ce que vous voulez !

- *Um Italiano :* un expresso bien serré.
- *Uma bica :* un expresso assez serré.
- *Um pingado :* une noisette (expresso avec un nuage de lait).
- *Um galão :* un café au lait (avec plus de lait que de café) servi dans un grand verre.
- *Uma meia de leite* ou *um café com leite :* un grand café crème dans une tasse.
- *Um carioca de café :* un café allongé avec de l'eau.
- *Um chá :* un thé (*com leite :* au lait ; *com limão :* avec du citron).
- *Um carioca de limão :* un citron chaud.

cuisinés avec des produits de saison : crevettes à l'ail, coquillages, fèves et chorizo... servis en continu.
Museu do Fado, Largo do Chafariz de Dentro, 1 (F4), bus 206 ou 210, arrêt Casa do Conto • ☎ 218 870 144 • Mer.-dim. 12h30-minuit • Fado mer. et ven. 20h30-minuit • Plat : 20-25 €.

㊹ ARCO DO CASTELO
Indien et portugais

À peine dix tables toutes simples, et l'accueil chaleureux de Pedro. Osez le *caril* (curry) de crevettes ou de poulet, le *xeque-xeque* de crabe (12 €) ou la *feijoada à indiana*. Demandez *piquante* si vous êtes amateur de sensations fortes, ou *meio piquante*, épicé juste ce qu'il faut ! Excellent choix de vins portugais.
Rua do Chão da Feira, 25 (F4), trams 12E ou 28E, arrêt Castelo • ☎ 218 876 598 • Lun.-sam. 12h-minuit • Plat : 9-13,50 € • Résa recommandée.

VOIR AUSSI :

Pois, Café | p. 49 | F4 ㊺

Quiosque Portas do Sol | p. 51 | F4 ㊻

São Vicente et Santa Apolónia (quartier 7 - p. 56)

㊼ BICA DO SAPATO
Resto branché

Face à la gare, sur les docks de Santa Apolónia, voici un resto *muito trendy* comme disent les Portugais. Signé Manuel Reis, cet ancien entrepôt métamorphosé en lieu ultra-design est un repaire de *beautiful people*. De belles assiettes qui privilégient les poissons et des suggestions différentes toutes les semaines. Terrasse idéale pour boire un verre en contemplant le Tage et DJ aux platines en fin de semaine.
Avenida Infante Dom Henrique, Armazém B, Cais da Pedra (HP par F3), M° Santa Apolónia • ☎ 218 810 320 • www.bicadosapato.com • Restaurant et bar : lun. 19h30-minuit, mar.-sam. 12h30-minuit ; Sushi bar : lun.-sam. 19h30-1h ; Brunch : dim. 12h30-16h30 (sf juil. et août) • Plat : 17-23 € ; menu : 23,50 € ; *petiscos* : 5,50-19,50 € ; brunch (dim. 12h-16h) : 25 €.

㊽ FAZ FIGURA
Poissons et fruits de mer

Un restaurant chic situé dans l'un des quartiers les plus typiques de Lisbonne. La terrasse offre une vue panoramique sur la ville et le fleuve. Vous y dégusterez une cuisine internationale et portugaise de qualité autour du poisson et des fruits de mer.
Rua do Paraíso, 15 B (HP par F3), M° Santa Apolónia • ☎ 218 868 981 • www.fazfigura.com • T. l. j. 12h30-15h (sf lun.) et 19h30-23h (minuit en été) • Env. 40 €.

VOIR AUSSI :

DeliDelux | p. 58 | HP par F3 ㊾

Graça et la Mouraria (quartier 8 - p. 62)

50 O TRIGUEIRINHO
Cantine populaire

Tables à touche-touche, nappes à carreaux, crépi aux murs et un menu tout simple composé de viandes et de poissons grillés vous attendent dans cette petite cantine populaire de quartier. Soupe Alentejana (1,50 €), côtelettes d'agneau, escalope de veau, steak, dorade, morue... à petit prix ! Le tout sur une jolie placette de la Mouraria.
Largo dos Trigueiros, 17 (E3), M° Rossio, trams 12E ou 15E, arrêt Praça Figueira • ☎ 917 6115 065 • Lun.-sam. 12h-15h30 et 20h-22h30, dim. 12h-14h • Plat : 5,50-7,50 €.

51 THE FOOD TEMPLE
Végétarien

Si l'idée d'un curry de pois chiches à la menthe vous emballe, filez dans ce restaurant végétarien et bohème perdu dans la Mouraria. Dans la salle bleu ciel ou sur la paisible place, soupes de légumes (2,50 €), tapas/*petiscos* (3-4 €) et petits plats du jour (8-11 €) ravissent les papilles et changent chaque jour. Options végétaliennes.
Beco do Jasmim, 18 (E3), M° Martim Moniz • ☎ 218 874 397 • www.thefoodtemple.com • Mer.-dim. 19h30-minuit.

The Food Temple

52 CAFÉ DO MONTE
Café

Sur les hauteurs de Graça, le Café do Monte dégage un air de café parisien version Amélie Poulain. Derrière le comptoir, Ico et Fernanda préparent de succulentes salades au fromage, au saumon ou au jambon (env. 5,50 €), des omelettes et des tartines originales à accompagner de vin rouge.
Rua de São Gens, 1 (F2), tram 28E, arrêt Rua Graça • ☎ 929 425 156 • Mar.-dim. 11h-minuit (ven. et sam. jusqu'à 2h) • Plat : 5-16 €.

53 O DAS JOANAS
Resto branché

La terrasse de ce petit café branché invite à s'attarder devant l'une des plus belles façades d'azulejos de la ville (voir la Fábrica Viúva Lamego, p. 63). Au menu, des tartines, des salades, des assiettes de fromages et de charcuterie et des pâtisseries portugaises. Les amateurs d'art contemporain découvriront, sur la place, le *Jardin en kit*, œuvre de Joana Vasconcelos.

O Zé da Mouraria

Largo do Intendente Pina Manique, 28 (E2), tram 28E, arrêt Rua da Palma • ☎ 218 879 401 • Lun. et mer.-jeu. 9h-22h, ven.-sam. 10h-2h, dim. 10h-22h • Tartine : 2,40-3,40 €.

54 O ZÉ DA MOURARIA
Cantine populaire

Si vous recherchez une authentique cantine populaire et une cuisine régionale typique, poussez la porte de ce restaurant. Figure du quartier et maître des lieux, Virgílio vous accueille dans une petite salle à la déco rustique avec cuisine ouverte. Steak à l'ail, côtelettes de porc... les plats servis en portions généreuses changent souvent. Avec un peu de chance, vous aurez droit à une parenthèse de fado spontanée.

Rua João do Outeiro, 24 (E3), M° Martim Moniz • ☎ 218 865 436 • Lun.-sam. 12h-16h • Plat : 14,50-28,50 €.

55 TENTAÇÕES DE GOA
Indien

Ce restaurant est l'un des meilleurs indiens de Lisbonne et a déjà raflé plusieurs prix gastronomiques. En entrée, goûtez les excellents *chamuça* (samoussa), le *bhaji puri* ou les *bojés* (boulettes frites au chutney), puis le *caril de camarão com quiabos* (curry de crevettes) ou le *xacuti de frango* (poulet).

Rua do São Pedro Mártir, 23 (E3), M° Martim Moniz ou Rossio • ☎ 218 875 824 • Lun. 19h-22h, mar.-jeu. 12h-15h et 19h-22h, ven.-sam. 12h-15h et 19h-23h, f. j. f. • Plat : 7-14 € • Résa conseillée surtout le soir.

VOIR AUSSI :

Mercado de Fusão | p. 63 | E3 56

Cais do Sodré et Bica (quartier 9 - p. 66)

57 PAP'AÇORDA
Portugais

Malgré un décor un peu froid et passé, le Pap'Açorda demeure un classique pour la cuisine portugaise. Parmi les nombreux plats proposés, goûtez la spécialité : l'*açorda* (18-32 €), une sorte de panade à base de pain, d'oignons, de coriandre, d'œufs et de fruits de mer ou de poisson. Délicieux !

Avenida 24 de Julho, 49 (Mercado da Ribeira, 1er étage) (D5), M° Cais do Sodré, tram 25E, arrêt rua de São Paulo • ☎ 213 464 811 • Mar., mer., dim. 12h-minuit, jeu.-sam. 12h-2h • Plat : 12-34 €.

58 SALA DE CORTE
Viande

Dans un ancien entrepôt à fruits, un comptoir branché pour les fanatiques de viandes grillées. Les meilleures viandes d'Irlande, d'Uruguay et d'Espagne sont cuites dans un four Josper à charbon de bois naturel sous l'œil expert du jeune chef Luís Gaspar. Une cuisson lente et maîtrisée pour un résultat savoureux ! Le jambon ibérique, les hamburgers et les croquettes ne sont pas mal non plus.
Rua da Ribeira Nova, 28 (D5), M° Cais do Sodré • ☎ 213 460 030 • www.saladecorte.pt • Lun.-ven. 12h-15h et 19h-minuit, sam.-dim. 12h-1h • Viandes : 11,50-35 €.

59 ESTRELA DA BICA
Petiscos

Une adresse sympa et pas chère planquée dans une ruelle de Bica, très prisée des jeunes Lisboètes. Entre murs carrelés bleu ciel et mobilier dépareillé, cette cantine bohème distille *petiscos* et petits plats d'ici et d'ailleurs à prix doux : champignons sautés et tomates séchées, *tataki* de thon et chips de lotus ou *dim sum* du jour.
Travessa do Cabral, 33 (D4), tram 25E, arrêt Bica • ☎ 213 473 310 • Mar.-sam. 19h30-1h, dim. 18h30-23h) • Plat : autour de 11 € ; *petiscos* : 5,50-9 € • Espèces uniquement.

60 PHARMACIA
Portugais

Serveurs en blouse blanche et vitrines remplies de vieux flacons donnent le ton de ce restaurant décalé avec son décor d'officine vitaminée. Voisin du musée de la Pharmacie (l'entrée se situe en face du Miradouro Santa Catarina), on y picore *petiscos* et plats portugais plutôt classiques. On y prescrit également des remèdes plus corsés : cocktails Paracetamol, Ibuprofeno, Placebo (8 €).
Rua Marechal Saldanha, 1 (C4), tram 28E, arrêt Santa Catarina • ☎ 213 462 146 • Été : lun.-dim. 12h30-1h ; hiver : mar.-dim. 12h30-1h • Plat : 7,90-14,50 € ; *petiscos* : 2,20-15 €.

61 TABERNA DA RUA DAS FLORES
Portugais

Cette taverne d'antan remise au goût du jour occupe les locaux d'une ancienne mercerie. Meubles de récup' et carrelage rétro, limonade maison pour s'ouvrir l'appétit et, dans l'assiette, des recettes lisboètes oubliées, déterrées par le chef André Magalhães (salade de morue aux pois chiches à 6,50 €, *miomba*, un sandwich au porc...). Le soir, place aux *petiscos*, entre plats asiatiques et saveurs de la mer.

Ibo

Rua das Flores, 103 (D4), M° Baixa-Chiado ou tram 28E, arrêt Praça Luís de Camões • ☎ 213 479 418 • Lun.-ven. 12h-minuit, sam. 18h-minuit • Plat : 7,5-14 €.

(62) IBO
Mozambien et portugais

Installé dans un ancien entrepôt de sel, Ibo a les pieds dans l'eau. Une situation idéale et un décor épuré où l'on se laisse surprendre par les saveurs du Mozambique et des plats d'inspiration portugaise. On apprécie aussi la belle carte des vins.

Cais do Sodré, Armazém A, Loja 2 (D5), M° Cais do Sodré • ☎ 213 423 611 • www.ibo-restaurante.pt • Mar.-jeu. 12h30-15h et 19h30-23h, ven.-sam. 12h30-15h30 et 19h30-1h, dim. 12h30-15h30 • 50 € par personne.

VOIR AUSSI :

Mercado da Ribeira | p. 67 | D5 (63)

Du Parque Eduardo VII aux Avenidas (quartier 10 – p. 70)

(64) GALETO
Portugais moderne

Murs lardés de clous dorés ou recouverts de panneaux en bois sculpté, ardoises noires au plafond, voilà pour la déco *sixties* définitivement sombre et kitschissime. Plats du jour, salades et légumes plutôt honnêtes. On sert aussi de vrais hamburgers, avec brioche et fromage, et une viande dont on choisit l'assaisonnement. Après 22h, prix majorés de 10 %. Un concentré de vie lisboète où se croisent ouvriers, cols blancs, artistes et noctambules.

Avenida da República, 14 (HP par D1), M° Saldanha • ☎ 213 544 444 • T. l. j. 7h30-3h • Sandwich : 2,50-5,50 € ; plat : 10-25 €.

(65) ELEVEN
Gastronomique

Cette adresse prisée des gourmets a l'exubérance d'un Mies Van der Rohe ! Dans ce strict « cube » rouille et gris, un design intérieur dessiné, rigoureux, élégant. Les cuisines sont dirigées par le chef Joachim Koerper, un habitué des étoiles.

Jardim Amália Rodrigues, rua Marquês da Fronteira (HP par B1),

Mº São Sebastião, puis bus 713, arrêt Palácio da Justiça • ☎ 213 862 211 • www.restauranteleven.com • Lun.-sam. 12h30-15h (cuisine 14h30) et 19h30-23h (cuisine 12h30) • Menu dégustation : 96 € • Résa conseillée.

⑥⑥ CONFEITARIA IMPERIAL
Pâtisserie-salon de thé

Dans cette pâtisserie-salon de thé de plus de cinquante ans, vous retrouverez la véritable ambiance des cafés portugais. Les pâtisseries traditionnelles y sont excellentes.

Avenida António Augusto de Aguiar, 27 C (HP par C1), Mº Parque ou São Sebastião • ☎ 213 547 108 • Lun.-ven. 7h-20h, sam. 7h-19h • Plat du jour : 5-7 € ; Sandwich : 1,70-3 € ; Pâtisserie à partir de 1,10 €.

⑥⑦ PASTELARIA MEXICANA
Café-pâtisserie

Ce café historique bien connu des Lisboètes a été fondé en 1946 et classé monument d'intérêt public pour son décor moderniste. Faites-y un saut pour grignoter pâtisseries rétro, croissants (1,10 € à l'intérieur) ou palmiers dans un pur décor années 1960 (fresques d'azulejos en relief en vogue sous Salazar), et pour observer le défilé des mamies chic et de la jeunesse dorée en Prada.

Avenida Guerra Junqueiro, 30 C (HP par D1), Mº Alameda • ☎ 218 486 117 • T. l. j. 7h30-22h.

VOIR AUSSI :

Pastelaria Versailles | p. 71 | HP par C1 ⑥⑧

São Bento et Estrela (quartier 11 - p. 74)

VOIR PAUSE :

Café de São Bento | p. 75 | C4 ⑥⑨

Lapa, Madragoa et Santos (quartier 12 - p. 76)

⑦⓪ OSTERIA
Italien

Les Lisboètes sont tombés amoureux de cette petite taverne italienne cachée dans une ruelle de Madragoa, où Chiara et Tânia cuisinent comme pour leurs amis. Typiquement le lieu où l'on aime se retrouver pour partager

Osteria

petiscos et *sangria* ou s'attarder autour d'assiettes traditionnelles accompagnées de vins italiens.
Rua das Madres, 52-54 (B4), tram 25E, arrêt Conde Barão • ☎ 213 960 584 • www.osteria.pt • Lun. 19h30-1h, mar.-jeu. 12h30-16h30 et 19h30-1h, ven.-sam. 12h30-16h30 et 19h30-2h, dim. 12h30-1h. • Plat : env. 8,90 € • Résa conseillée.

⑦① A TRAVESSA
Lieu insolite

Installé dans les anciennes cuisines et le cloître d'un couvent, A Travessa propose une cuisine portugaise et belge recherchée et un pain sorti du même four qu'utilisaient jadis les nonnes. Clientèle chic et accueil irréprochable.
Travessa do Convento das Bernardas, 12 (B5), tram 25E, arrêt Rua de São João Da Mata • ☎ 213 902 034 • www.atravessa.com • Lun.-sam. 19h30-minuit • Plat : 22,50-30 €.

⑦② A MERENDEIRA
Portugais pour noctambules

Un coup de mou vers 5h du matin ? Qu'à cela ne tienne ! Que vous vouliez continuer votre nuit ou vous remplir l'estomac pour bien dormir, cet endroit sert l'authentique et rustique *caldo verde* ou soupe au chou (2 €), dans laquelle vous plongerez avec bonheur un pain au chorizo (2,50 €) tout juste sorti du four. Spécialités locales et rendez-vous des noctambules de tout poil garantis !
Avenida 24 de Julho, 54G (C5), trams 15E ou 18E, train Estação Santos, arrêt Santos • ☎ 213 972 726 • www.amerendeira.com • T. l. j. 11h-7h • Menu soupe + pain au chorizo : 3,50 €.

⑦③ PICANHA
Brésilien

Ce restaurant brésilien, installé dans le hall d'entrée d'un palais du XVIIIe s., propose de la *picanha* servie à volonté, une viande de bœuf marinée dans un mélange d'épices, puis grillée et servie saignante, accompagnée de haricots rouges, d'une salade, de riz et de *farofa* (manioc toasté).
Rua das Janelas Verdes, 96 (B5), bus 713 ou 714, arrêt Rua das Janelas Verdes • ☎ 213 975 401 • Mar.-sam. 12h30-15h30 et 20h-23h, dim. 12h30-15h30 • *Picanha* : 16,50 € (à volonté).

VOIR AUSSI :
Le Chat | p. 78 | A5 ⑦④

Campo de Ourique et Amoreiras (quartier 13 - p. 80)

⑦⑤ CANTINA DA ESTRELA
Méditerranéen

Cette ancienne école reconvertie en hôtel abrite un restaurant où les élèves de l'école d'hôtellerie voisine font leurs armes. Entre livres et mobilier design, le tableau noir affiche un menu méditerranéen. On paie en fonction de sa

satisfaction, dans une fourchette de prix donnée. Aux beaux jours, on peut réserver un panier pique-nique pour déjeuner sur l'herbe.
Hotel da Estrela, Rua Saraiva de Carvalho, 35 (B3), trams 25E ou 28E, arrêt Rua Saraiva de Carvalho • ☎ 211 900 100 • www.hoteldaestrela.com • Mar.-sam. 12h30-15h et 19h30-22h30 • Plat : 10-20 €.

⑯ CASA DE CHÁ DE SANTA ISABEL
Salon de thé-pâtisserie

Cet ancien entrepôt de bananes, devenu salon de thé-couture en 1950, appartient désormais à la paroisse Santa Isabel et sert le meilleur goûter de Lisbonne. Scones, *bolos de chocolate*, *lérias* (gâteau aux amandes)… se savourent entre murs pastel et icônes religieuses (1-2 € la pâtisserie, les recettes sont reversées à des œuvres sociales).
Rua de São Bento, 700 (B2), M° Rato • ☎ 213 887 040 • www.casadecha.org • Été : lun. 15h30-19h, mar.-ven. 11h30-19h ; hiver : mar.-ven. 11h30-19h (goûters à partir de 15h30), sam.-dim. 15h30-19h.

77 PASTELARIA 1800
Pâtisserie

Les superbes panneaux d'azulejos polychromes du fond de la salle vous avertissent : ici, on fabrique des gâteaux depuis 1857… C'est dire si on a le tour de main ! Faites comme les Portugais et offrez-vous un *galão* (1,15 €) et un *bolo de arroz* (1 €).
Largo do Rato, 7 (B2), M° Rato • ☎ 213 882 631 • Lun.-ven. 6h-21h, sam. 6h-20h • Pâtisserie : autour de 1,20 €.

VOIR AUSSI :

O Melhor Bolo de Chocolate do Mundo | p. 81 | A3 78

Mercado de Campo de Ourique | p. 81 | A3 79

Alcântara & Santo Amaro (quartier 14 - p. 84)

80 1300 TABERNA
Portugais moderne

Non loin de l'entrée de la LX Factory (p. 85), cette grande taverne a des airs de loft industriel. De la grande cuisine ouverte sortent des plats portugais actuels à base de produits bio de saison : gaspacho de framboise et de maquereau fumé (7,50 €), pâtes fraîches aux champignons et cacahuètes, joues de porc aux abricots…

1300 Taberna

Lexique du porto

Il y a porto et porto. Selon les raisins, l'année, le procédé de vinification et le temps de vieillissement, le porto sera très différent. La couleur du raisin détermine la robe. À raisins blancs, porto *branco* (blanc). À raisins rouges, porto *ruby* ou *tinto* (rouge) ou porto *tawny* ou *aloirado* (mordoré). Selon la provenance des raisins et le procédé, on parle de : *blends* (assemblage de raisins d'années et de vignes différentes, vieillis 3 ans) ; *quintas* (portos provenant d'une seule propriété, vieillis au moins 3 ans) ; *colheitas* (sélections d'années millésimées, vieillies en fût pendant 7 ans) ; *Late Bottled Vintage (LBV)* (millésimes gardés 4 à 6 ans en fût puis embouteillés et commercialisés) ; *vintage* (millésime correspondant à une année exceptionnelle, gardé 2 ans en fût puis vieilli en bouteilles 10 à 30 ans, ou plus).

L'art et la manière

Le porto *branco* sec se sert en général frais à l'apéritif alors que le *ruby* ou *tawny* ordinaire (3 ans) se boit en fin de repas avec fromage ou dessert. Un porto de plus de 10 ans se déguste en digestif dans une ambiance cérémonieuse. Pour des occasions très spéciales, choisissez un LBV ou un vintage; il faut alors conserver la bouteille couchée, l'étiquette tournée vers le haut, puis, avant de le consommer, le laisser décanter pendant quelques heures afin que le dépôt reste à l'intérieur.

Rua Rodriguez Faria, 103
(LX Factory) (HP par A5),
trams 15E ou 18E, arrêt Calvário
• ☎ 213 649 170
• www.1300taberna.com
• Mar.-sam. 12h30-15h et 19h30-minuit
• Plat déj. : 12-14 € ; plat dîner : 16-22 € ; menu dégustation soir : 35 €.

VOIR AUSSI :

Cantina | p. 87 | HP par A5 ⑧①

Belém (quartier 15 - p. 88)

⑧② À MARGEM
Sur le pouce

Posée sur la promenade entre le monument des découvertes et la tour de Belém, cette boîte de verre très design est le spot parfait pour un déjeuner léger face au Tage. On y propose salades, tartines,

sandwichs, jus de fruits frais et milkshakes. Superbe terrasse.

Doca do Bom Sucesso (HP par A5), tram 15E, arrêt Centro Cultural de Belém • ☎ 918 620 032 • www.amargem.com • T. l. j. 10h-1h (dim. jusqu'à 22h) • Plat : 7-16 €.

VOIR AUSSI :

Pastéis de Belém | p. 92 | HP par A5

Parque das Nações (quartier 17 - p. 102)

VOIR PAUSE :

Torre de Vasco da Gama | p. 104 | HP par F4

Sintra (quartier 18 - p. 106)

VOIR PAUSE :

Pastelaria Piriquita et Piriquita Dois | p. 109

La Costa do Sol et la rive sud du Tage (quartier 19 - p. 110)

VOIR PAUSE :

Atira-te ao Rio et Ponto Final | p. 112

Bars & clubs

PAR QUARTIER

Les coups de cœur DE NOTRE AUTEUR

Bars branchés, intimistes, éclectiques, petits concerts, night-clubs... La nuit, Lisbonne est pleine de folie. Notre auteur vous propose ses adresses favorites entre ambiance décontractée et dancefloors endiablés.

TASCABEAT DO ROSÁRIO

Chaleureuse, gourmande : ma *tasca* chérie pour le plein de *saudade* et de bonne humeur. Voir p. 150.

PENSÃO AMOR

Bar à cocktails au parfum décadent pour une bonne dose de glamour et de hype lisboète. Voir p. 153.

CAFÉ DA GARAGEM

Mon cocon pour papoter. Ce trésor caché à l'ombre du Castelo réserve une vue de rêve. Voir p. 151.

Pavilhão Chinês

PAVILHÃO CHINÊS

J'adore m'enfoncer dans un vieux fauteuil au milieu de son décor incroyable. Voir p. 148.

Casa Independente

CASA INDEPENDENTE

DJ sets, concerts alternatifs et *beer-garden* survolté, c'est l'endroit idéal pour faire la fête. Voir p. 153.

MARIA CAXUXA

Bonne musique et ondes positives. Mon spot favori pour un verre à la cool dans le Bairro Alto. Voir p. 146.

À SAVOIR

OÙ SORTIR ?

On trinque avec les Lisboètes de bar en bar dans les ruelles du **Bairro Alto,** grouillantes de monde à partir de minuit (en fin de semaine, c'est la folie !). Pour une ambiance moins frénétique, on migre vers le quartier rose de **Príncipe Real,** également prisé par les hétéros pour ses bars branchés, ou dans les bars cool de **Bica.** Plus tard, le **Cais do Sodré** attire les foules avec ses bars bohèmes et ses clubs éclectiques (rua Nova do Carvalho). Pour danser jusqu'à l'aube, on file sur l'**avenida 24 de Julho,** les docks industriels d'**Alcântara,** de **Santo Amaro** ou de **Santa Apolónia,** fief des superclubs (inutile d'y arriver avant minuit, voire 2h du matin). Pour une soirée fado, direction l'**Alfama.**

S'INFORMER

Pour savoir tout ce qu'il se passe à Lisbonne, procurez-vous le mensuel gratuit ***Agenda LX*** (www.agendalx.pt), l'agenda culturel le plus complet, disponible un peu partout. L'office de tourisme met à disposition le guide bilingue anglais-espagnol ***Follow Me*** répertoriant les événements du mois (concerts, théâtre, festivals...).

RÉSERVER UN SPECTACLE

ABEP (kiosque vert (D3), M° Restauradores, ☎ 213 470 768, t. l. j. 9h30-20h, 19h en hiver, espèces slmt).

Fnac Chiado (rua do Carmo, 2 (E4), M° Baixa-Chiado, ☎ 760 309 330, www.fnac.pt, t. l. j. 10h-22h).

Les théâtres ne prenant pas de réservations par téléphone, ces deux billetteries sont le moyen le plus simple de réserver un spectacle (+ commission). Pensez aussi à la billetterie du théâtre avant la représentation et aux centrales de réservation en ligne : **Ticket Line** (http://ticketline.sapo.pt) et **Blue Ticket** (www.blueticket.pt).

SE REPÉRER

Chaque adresse de lieu de sortie est associée à une pastille violette numérotée. Vous retrouverez toutes les adresses positionnées sur le plan détachable.

Bars & clubs
PAR QUARTIER

Baixa (quartier 1 - p. 24)

① BEBEDOURO
Bar à vin

Le *douro* coule à flots dans cette petite rue piétonne de la Baixa. Ce bar à vin contemporain est, en effet, spécialisé dans les vins du nord du Portugal. La carte, pointue, promet de déguster un excellent *vinho verde* bien frais en terrasse ou un porto vintage dans la petite salle baignée de musique. Et pour grignoter : charcuterie, fromages, tartines de sardines ou de maquereau, salades, etc.
Rua de São Nicolau, 24 (E4), M° Baixa-Chiado • ☎ 218 860 376 • Mer.-lun. 12h-minuit • Verre de vin : 2,90-12 €.

② MINISTERIUM CLUB
Club

Ministerium Club

La crème des DJ locaux et internationaux se produit dans ce club branché, chic et sophistiqué, logé sous les hautes voûtes du Terreiro do Paço. Consultez le site pour la programmation car chaque soirée est un événement. Un conseil, faites un petit effort sur le look pour être sûr de passer l'entrée.
Praça do Comércio, 72 (E5), M° Terreiro do Paço, trams 15E et 25E, arrêt praça do Comércio • ☎ 218 888 454 • www.ministerium.pt • Certains jeu. et sam. minuit-6h (voir programmation sur Internet) ; f. juin-août • Entrée : tarif variable.

Rossio (quartier 2 - p. 30)

③ COLISEU DOS RECREIOS
Musique contemporaine

C'est la salle de spectacle de Lisbonne spécialisée dans les concerts de musique contemporaine, étape incontournable des artistes ou des groupes étrangers en tournée internationale comme Caetano Veloso, Sufjan Stevens...

Rua das Portas de Santo Antão, 96 (D3/E3), M° Restauradores ou Rossio • ☎ 213 240 580 ou ☎ 213 240 585 • www.coliseulisboa.com • Billetterie : lun.-sam. 13h-19h30.

④ A GINJINHA
Bar

Il y a toujours du monde au comptoir et pour cause, c'est ici que la fameuse liqueur de griottes a été commercialisée pour la première fois en 1840 ! Lisboètes et touristes se bousculent ainsi dans le plus vieux bar à *ginjinha* de la ville pour un godet d'Espinheira (la recette d'un moine), englouti sur le trottoir. Jetez un œil aux publicités surannées de la devanture.

Largo de São Domingos, 8 (E3), M° Restauradores • T. l. j. 9h-22h • Liqueur : 1,10-1,40 €.

⑤ GINJINHA SEM RIVAL
Bar

Tout aussi désuet que son voisin A Ginjinha, ce débit de boisson grand comme un mouchoir de poche est le seul à produire sa propre *ginjinha*, la fameuse liqueur Eduardino. Et on la sert ici depuis 1890 ! Essayez de rester au comptoir pour apprécier cette capsule hors du temps et les subtilités d'un rituel ancestral avec son défilé d'habitués, rythmé par les *« com »* ou *« sem elas »* : « avec » ou « sans cerise », la *ginjinha !*

Rua das Portas de Santo Antão, 7 (E3), M° Restauradores • ☎ 213 468 231 • Lun.-ven. 8h-minuit, sam.-dim. 9h-minuit (f. 25 déc.) • Liqueur : 1,10-1,40 €.

Chiado (quartier 3 - p. 34)

⑥ TEATRO NACIONAL DE SÃO CARLOS
Scène nationale

Inauguré en 1793, l'opéra de Lisbonne cache derrière sa sobre façade un décor exubérant qui rappelle la Scala de Milan. S'y produisent également l'Orchestre symphonique portugais et le chœur de São Carlos. Tentez votre chance longtemps à l'avance car la saison lyrique est courte et les billets sont pris d'assaut. Sinon, adressez-vous au guichet le jour même, on ne sait jamais !

Largo de São Carlos (D4), M° Baixa-Chiado • ☎ 213 253 045/46 • http://tnsc.pt • Billetterie (sept.-juin) : lun.-ven. et j. de spectacle 13h-30 min av. le spectacle • Concert : 10-20 € ; opéra : 20-50 € • Visites guidées sur résa par mail : visitas@saocarlos.pt (5 €).

⑦ MINI BAR TEATRO
Bar-resto

Le chef étoilé José Avillez a encore frappé dans le Chiado avec ce bar-restaurant logé dans le théâtre São Luiz. *Petiscos*

inventifs (bonbons de foie gras), cocktails renversants d'originalité (Margharita à la pomme verte et Caipirinha qui se mangent !), bières artisanales et playlist affûtée. De quoi passer une soirée spéciale !
Rua António Maria Cardoso, 58 (D4), M° Baixa-Chiado, tram 28E, arrêt Chiado • ☎ 211 305 393 • www.minibar.pt • Lun.-dim. 19h-2h • Cocktail : 6,50-28 €.

⑧ A GINJINHA DO CARMO
Bar

Assez rare pour être signalé, c'est une jeune femme qui officie au comptoir de ce bar à *ginja* nouvelle génération. Outre le traditionnel shot de liqueur de griottes servi dans un dé à coudre en plastique, on peut choisir l'option gourmande avec un verre en chocolat à croquer (1,65 €). Pas vraiment traditionnel mais qu'importe !
Calçada do Carmo, 37 (D4), M° Rossio • ☎ 211 911 898 • Dim.-mer. 12h-minuit, jeu. 12h-1h, ven.-sam. 12h-2h (18h 24 déc., f. 25 déc.) • Liqueur : 1,35-1,65 €.

⑨ ENTRETANTO
Bar

L'Entretanto est le bar situé au 7e étage de l'hôtel do Chiado. Au coucher du soleil ou la nuit, le lieu est magique : de la terrasse, vue panoramique... une vraie carte postale ! Le regard oscille entre l'elevador de Santa Justa, la cathédrale Sé, le château São Jorge... Bière pression ou, plus local, moscatel de la région de Setúbal.
Hôtel do Chiado, rua Nova do Almada, 114 (E4), M° Baixa-Chiado • ☎ 213 256 100 • www.hoteldochiado.pt • T l. j. 22h30-minuit • Bière : 5 € ; vin au verre : 4-5,50 €.

⑩ O PURISTA BARBIÈRE
Bar-barbier

Ce qui était à l'origine conçu comme une expérience est devenu réalité : un bar à bière doublé d'un barbier ! Jusqu'à minuit, ces messieurs peuvent se faire raser de près ou se payer une petite coupe entre deux pintes de blonde. DJ vendredi et samedi à partir de 23h.
Rua da Nova da Trindade, 16C (D4), M° Baixa-Chiado • ☎ 916 442 744 • Mar. et dim. 15h-21h, mer.-jeu. 15h-2h, ven.-sam. 15h-4h. • Concerts gratuits • Cocktails : 6-9 €.

O Purista Barbière

Le top des SOIRÉES FADO

Mélopée triste et langoureuse qui exprime toute la *saudade* de l'âme portugaise, le fado ne peut laisser de marbre... Que les chanteurs soient professionnels ou amateurs, à Lisbonne, il faut assister sans faute à une soirée fado.

A TASCA DO CHICO

Pour écouter des amateurs dans une ambiance sympathique. Voir p. 147.

SR. VINHO

Une adresse réputée dans le quartier de Lapa. Voir p. 157.

MARIA DA MOURARIA - CASA DA SEVERA

Un fado intimiste et de qualité dans la Mouraria. Voir p. 153.

POVO

Soirées fado dans une *tasca* contemporaine. Voir p. 154.

Bairro Alto (quartier 4 - p. 38)

⑪ MARIA CAXUXA
Bar

Dans la foule de bars un peu kitsch ou miteux du Bairro Alto, Maria Caxuxa remporte la palme du bar le plus cool. On s'attarde avec plaisir dans cet agréable cocon rétro, entre fauteuils *sixties* et posters vintage, le tout saupoudré de bonne musique indé. L'ambiance est décontractée, idéale pour finir la soirée entre amis.

Rua da Barroca, 6-12 (D4), M° Baixa-Chiado • ☎ 213 461 311 • Dim.-jeu. 19h-2h, ven.-sam. 19h-3h • Cocktail : à partir de 5 €.

⑫ MAJONG
Bar à cocktails

Des lampes en chou-fleur, un comptoir en béton et des murs noirs décorés par des artistes locaux : le Majong plante un décor branché baigné de sons électro. Au comptoir, plus d'une quarantaine de cocktails sortent des shakers, dont un rafraîchissant Primo Basilico, sans oublier les classiques Caïpirinha et Mojito.

Rua da Atalaia, 3 (D4), M° Baixa-Chiado • ☎ 213 470 976 • Dim.-jeu. 17h-2h, ven.-sam. 17h-3h • Cocktail : 7-9 €.

⑬ A CAPELA
Bar électro

La chapelle des sons électroniques ! Ce petit bar branché accueille tous les soirs des DJ (*eletrônica*, techno, dub...) dans un décor néobaroque avec ses meubles dépareillés et ses reproductions de tableaux de maîtres.

Rua da Atalaia, 45 (D4), M° Baixa-Chiado, tram 28E, arrêt Praça Luís de Camões • ☎ 213 470 072 • Dim.-jeu. 20h-2h, ven.-sam. 20h-3h • Bière : 2 € ; cocktail : 5-8 €.

⑭ THE OLD PHARMACY
Bar à vin

Sans aucun doute, le bar à vin le plus cosy du Bairro avec son décor de pharmacie centenaire tout en vitrines lambrissées, son ambiance tamisée et intimiste, parfait pour s'attarder les yeux dans les yeux autour de vins portugais, de *petiscos* et de plateaux de fromage et de charcuterie.

Rua do Diário de Notícias, 73-83 (D4), M° Baixa-Chiado • ☎ 213 473 034 • T. l. j. 17h30-minuit (20h en hiver) • Vin au verre : 2,20-20 €.

⑮ A TASCA DO CHICO
Fado

C'est l'une des adresses connues où viennent chanter les amateurs, les fameux *fados vadios*. Un endroit sympathique (surtout parce que l'on ne racole pas à l'entrée) qui distille aussi de la musique brésilienne. Contrairement aux établissements touristiques de l'Alfama, le spectacle est gratuit, on ne paie que sa consommation. Une deuxième adresse : rua dos Remédios, 83 (F4), fado jeu.-dim. à 21h30.

Rua do Diário de Notícias, 39 (D4), M° Baixa-Chiado • ☎ 965 059 670 • Dim.-jeu. 18h-2h • Fado : lun. et mer. 21h30 (gratuit).

⑯ PORTAS LARGAS
Musique live

Malgré sa « rusticité », le Portas Largas est l'un des bars phares du Bairro Alto. Les rendez-vous de début (et de fin) de soirée se prennent ici. Passé une certaine heure, il y a plus d'affluence dehors que dedans. La musique inonde alors la rua da Atalaia, et une foule atypique et branchée discute et danse, bière à la main. Concerts gratuits de musique brésilienne tous les soirs à partir de 22h.

Rua da Atalaia, 105 (D4), M° Baixa-Chiado, tram 28E, arrêt Praça Luís de Camões • ☎ 213 466 379 • Dim.-jeu. 20h-2h, ven.-sam. 19h-3h • Bière 2,50-6 €, vin au verre 2-3 €.

⑰ PÁGINAS TANTAS
Musique live

Ce bar jazz est un classique du Bairro Alto depuis plus de vingt ans. On aime l'ambiance décontractée, l'happy hour (20h-22h) et les concerts de jazz gratuits (mer.-sam. à 22h).

Rua do Diário de Notícias, 85 (D4), M° Baixa-Chiado • ☎ 213 465 495 • T. l. j. 20h30-2h (3h ven.-sam.) • Bière : 2-4 €.

Príncipe Real (quartier 5 - p. 42)

⑱ FOXTROT
Bar

Avec son décor Années folles, on a l'impression d'entrer dans un bar new-yorkais clandestin du temps de la Prohibition... C'est le rendez-vous des jeunes Lisboètes pour un cocktail *old-fashioned* enfoncé dans un fauteuil moelleux, une partie de billard dans la véranda ou une conversation animée au frais dans la cour.

Travessa de Santa Teresa, 28 (C3), bus 773, arrêt Praça das Flores • ☎ 213 952 697 • www.barfoxtrot.pt • Lun.-sam. 18h-3h, dim. 20h-2h • Cocktail : 7-9 €.

Chafariz do Vinho

⑲ PAVILHÃO CHINÊS
Bar chic

Accueilli par des serveurs old school en gilet bleu et nœud pap', on croirait pénétrer dans le manoir d'un collectionneur fou. Le spectacle est total dans ce dédale de salles (l'une d'elle abrite des billards) surchargées d'antiquités, de lustres Art nouveau et de vitrines regorgeant de curiosités.

Rua Dom Pedro V, 89 (D3), bus 202 ou 758, arrêt Príncipe Real • ☎ 213 424 729 • Lun.-sam. 18h-2h, dim. 21h-2h • Cocktail : 9,50 €.

⑳ CHAFARIZ DO VINHO
Bar à vin

Le premier bar à vin de Lisbonne a ouvert dans les locaux d'un ancien *chafariz*, ces réservoirs-fontaines qui fournissaient la ville en eau. La carte est étourdissante (bouteilles à partir de 15 €, verre 3-15 €) ! Profitez de l'happy hour de 18h à 20h (dégustation de 4 vins à partir de 10 €).

Rua da Mãe de Água, praça da Alegria (C3/D3), M° Avenida, bus 202 ou 758, arrêt Príncipe Real • ☎ 213 422 079 • www.chafarizdovinho.com • Mar.-dim. 18h-2h.

㉑ CINCO LOUNGE
Bar à cocktails

Dans une petite rue cachée entre la praça das Flores et la rua do Século se trouvent les meilleurs cocktails de

Lisbonne. Aux commandes de ce bar lounge à la façade vitrée, un Anglais, Dave, passé par Londres, Sydney et New York avant de concocter à Lisbonne sa carte de 80 cocktails (à partir de 7 €, 5 € sans alcool).

Rua Ruben A. Leitão, 17 A (C3), bus 773, arrêt Rua da Palmeira • ☎ 213 424 033 • www.cincolounge.com • Mar.-sam. 21h-2h.

㉒ HOT CLUB DE PORTUGAL
Club jazz

C'est l'un des plus vieux clubs de jazz d'Europe (1948) mais aussi l'un des plus célèbres. Le local d'origine, où s'est notamment produit Louis Armstrong, a été détruit dans un incendie et le club a rouvert à quelques pas, dans une version plus moderne. Réservé aux vrais amateurs qui cherchent de la bonne musique. Allez-y les yeux fermés... et les oreilles grandes ouvertes !

Praça da Alegria, 48 (D3), M° Avenida • ☎ 213 460 305 • www.hcp.pt • Mar.-sam. 22h-2h • Sessions à 22h30 et minuit • Entrée : gratuite ou payante, selon programmation.

㉓ TRUMPS
Club

Le grand classique de la nuit gay lisboète depuis plus de 20 ans, connu notamment pour ses dancefloors, son décor changeant et ses shows de travestis. Hétéro *friendly*.

Rua da Imprensa Nacional, 104 B (C3), M° Rato, bus 202 ou 758, arrêt Rua da Escola Politécnica • ☎ 915 938 266 • www.trumps.pt • Ven.-sam. et veilles de j. f. 23h45-6h • Entrée : 10 €.

㉔ SKY BAR
Rooftop

Il faut attendre les beaux jours pour profiter de la terrasse du Sky Bar perchée au dernier étage de l'hôtel Tivoli. La vue spectaculaire vaut le détour si vous n'êtes pas allergique à l'ambiance lounge, cocktail et *beautiful people* (DJ et animations jeu.- sam. soir).

Hotel Tivoli, Av. da Liberdade, 185 (C2/D2), M° Avenida • ☎ 213 198 832 • www.tivolihotels.com • Mai-oct. : t. l. j. 17h-1h • Cocktail : 10 € ; bière : env. 5 €.

De l'Alfama au Castelo (quartier 6 - p. 46)

㉕ PARREIRINHA DE ALFAMA
Fado

L'un des clubs les plus célèbres de Lisbonne. Une réputation qui attire les groupes de touristes bien que l'accueil et la cuisine soient un brin décevants. Essayez en semaine et après dîner, le lieu aura retrouvé de son authenticité.

Beco do Espírito Santo, 1 (F4), bus 206 ou 210, arrêt Casa do Conto • ☎ 218 868 209 • Mar.-dim. 20h-1h, spectacle vers 21h, dîner à partir de 20h • Conso min. 15 € après 23h.

Ginja, L'APÉRITIF LISBOÈTE

La *ginja* (ou *ginjinha*) est une eau-de-vie à base de griottes dont les origines se perdent au Moyen Âge. Des échoppes disséminées un peu partout dans la ville sont spécialisées dans cette boisson qui donne vite les pommettes rouges ! Elles se résument à un simple comptoir où l'on commande son verre de liqueur (env. 1,50 €) que l'on avale sur le trottoir en discutant. C'est local, authentique et tellement lisboète ! En voici 3 institutions...

A Ginjinha

A GINJINHA

Le plus vieux bar à *ginjinha* de la ville. Voir p. 144.

GINJINHA SEM RIVAL

Pour goûter la *ginjinha* maison... Voir p. 144.

A GINJINHA DO CARMO

Plus girly. Voir p. 145.

㉖ TASCABEAT DO ROSÁRIO
Tasca

Planquée dans un *beco* (ruelle) de l'Alfama, cette petite *tasca* bohème est le rêve devenu réalité du groupe de fado dancing OrqueStrada. Un concentré de douce nostalgie et de joie de vivre, de savoureux *petiscos* et des bons vins de l'Alentejo, le tout dans un ravissant décor de meubles de récup' customisés. On renoue ici avec les chaleureuses *tascas* d'antan : coup de cœur assuré !

Arco do Rosário, 4 (F4), M° Terreiro do Paço • ☎ 218 870 998 • Mar.-dim. 18h-minuit (2h ven.-sam.) • Cocktail : 5 €.

㉗ CLUBE DE FADO
Fado

Ce club de fado attire beaucoup de groupes de touristes, donc mieux vaut passer après le dîner (après 23h, 10 € + 1 boisson),

pour boire un cocktail. Avec un peu de chance, les musiciens joueront encore pour le plaisir.
Rua de São João da Praça, 94 (F4), trams 12E ou 28E, arrêt Limoeiro • ☎ 218 852 704 • www.clube-de-fado.com • T. l. j. 20h-2h, dîner-spectacle à 21h30 (env. 50 €).

㉘ MEMMO ALFAMA HOTEL
Bar lounge

Il faut grimper tout en haut de l'hôtel Memmo Alfama pour débusquer ces divines petites terrasses perchées au-dessus du Tage et des toits de l'Alfama. Un vrai bonheur en journée pour lézarder au bord de la micro-piscine, encore mieux en soirée pour siroter un cocktail : la vue est incroyablement romantique ! Ambiance lounge et petite carte de restauration.
Travessa das Merceeiras, 27 (F4), M° Terreiro de Paço, trams 12E ou 28 E, arrêt Limoeiro • ☎ 210 495 660 • www.memmohotels.com • T. l. j. 12h-23h • Cocktail : 9,50 €.

㉙ CHAPITÔ
Bar, DJ, fado

Une ancienne prison pour femmes reconvertie en école de cirque par Tété, la première femme clown du Portugal. Une place colorée avec une belle vue sur le Tage accueille le restaurant Chapitô à Mesa. Au sous-sol, le bar Bartô distille musiques du monde live et DJ sets.
Costa do Castelo, 7 (E4), trams 12E ou 28E, arrêt Largo das Portas do Sol

Chapitô

• ☎ 218 855 550 • http://chapito.org • Restaurant Chapitô à Mesa : t. l. j. 12h-2h • Bar Bartô : mar.-dim. 22h-2h • Spectacle tous les soirs (gratuit dim.-jeu.) ; soirée fado gratuite mar. ; musique afro dim. • Conso min. 5 €.

㉚ CAFÉ DA GARAGEM
Bar-café

Le coffee shop du teatro da Garagem (théâtre expérimental) est un secret bien gardé, niché derrière le château. La déco vintage, la douce lumière diffusée par les suspensions en verre un peu vieillottes et la ville en cinémascope livrée par la baie vitrée vous donneront envie de vous attarder dans ce lieu cosy.
Costa do Castelo, 75 (F3), trams 12E ou 28E, arrêt Rua dos Lagares • ☎ 218 854 190 • www.teatrodagaragem.com • Lun. 18h-minuit, mar.-jeu. et dim. 15h-minuit, ven.-sam. 15h-2h • Bière : 1,50-2 €.

São Vicente et Santa Apolónia (quartier 7 - p. 56)

㉛ CLUBE FERROVIÁRIO
Club

Surplombant la voie ferrée, cet ancien club privé est devenu ultra-branché. La terrasse avec vue sur le Tage prolonge le concept ferroviaire avec ses vieilles banquettes de train. Cinéma en plein air, concerts, DJ sets, il s'y passe toujours quelque chose ! On peut même y dîner en attendant que les lieux se transforment en dancefloor.

Rua de Santa Apolónia, 59 (HP par F4), M° Santa Apolónia • ☎ 218 153 196 • www.clubeferroviarioblog.com • Lun.-mer. 17h-2h, jeu.-ven. 16h-4h, sam. 12h-4h, dim. 16h-minuit • Entrée : 5 € le soir (jeu.-sam.).

㉜ LUX
Club

Le Lux, imaginé par Manuel Reis, a marqué en fanfare l'entrée du quartier Santa Apolónia dans la nuit lisboète. La crème des DJ, des dancefloors électriques et une terrasse spectaculaire : attendez-vous à faire la queue car c'est LE club de la ville (n'arrivez pas avant 2h). Station de taxi en face pour le retour.

Cais da Pedra (HP par F4), Av. Infante Dom Henrique, Armazém A, M° Santa Apolónia • ☎ 218 820 890 • www.luxfragil.com • Mar.-sam. 22h-6h • Entrée : 12-30 € (avec conso).

Graça et la Mouraria (quartier 8 - p. 62)

㉝ BOTEQUIM
Café

Lieu de réunion des intellectuels dans les années 1970 et 1980, Botequim est aujourd'hui un adorable café bohème niché au rez-de-chaussée de la Vila Sousa (voir p. 63), à deux pas du belvédère de Graça. De délicieux *petiscos* dans la tendance locavore, de la bonne musique, une ambiance 100 % locale et des conversations joyeuses, que demander de plus ?

Largo da Graça, 79 (F3), tram 28E, arrêt Rua de Graça • ☎ 218 888 511 • www.botequim.net • T. l. j. 12h-1h • Mojito : 4 €.

㉞ DAMAS
Bar, concerts

Sons rock ou électro, musique expérimentale ou africaine, faune cool et branchée et cuisine du monde, la jeunesse lisboète trouve toujours une bonne raison de se rassembler dans ce bar-salle de concerts (jeu.-sam.) installé dans les anciens locaux d'une boulangerie industrielle de Graça.

Rua da Voz do Operário, 60 (F3), tram 28E, arrêt Graça • ☎ 912 162 249 • Mar.-jeu. 13h-2h, ven.-sam. 13h-4h, dim. 17h-20h • Entrée : gratuite-3 €.

㉟ MARIA DA MOURARIA - CASA DA SEVERA
Fado

La première *fadista* de l'histoire, Maria Severa Onofriana, décédée à 26 ans (1846), naquit dans cette maison. Sous l'égide du Museu do Fado, le lieu a été transformé en petite *casa de fado* avec seulement une poignée de tables. Une adresse aussi sérieuse qu'intimiste au cœur de la Mouraria populaire.
Largo da Severa, 2/2B (E3) • ☎ 218 860 163 ou 964 766 056 • T. l. j. 19h30-1h/2h • Fado à 21h30, conso min. 20 € • Menu *petiscos* : 35 €.

㊱ ROOFTOP BAR
Rooftop

Perché sur le toit du Mundial Hotel, ce lounge bar risque bien de vous étourdir, pas seulement avec ses cocktails, mais aussi avec son panorama spectaculaire sur Lisbonne. D'un côté, la colline de l'Alfama et le Castelo, de l'autre, la colline du Bairro Alto, et en face, la Baixa et le Tage à vos pieds... Cerné de Lisboètes sur leur 31, affalez-vous dans un sofa douillet et ouvrez grand les yeux !
Mundial Hotel, Praça Martim Moniz, 2 (E3), M° Rossio, trams 12E ou 28E, arrêt Martim Moniz • ☎ 218 842 000 • Été : t. l. j. 18h30-00h30 ; hiver : mar.-dim. 17h30-23h30 • Cocktail : 8-13,50 €.

㊲ CASA INDEPENDENTE
Café-concert

Un palais de la Mouraria reconverti en café-concert par trois jeunes Lisboètes. On y va pour découvrir la scène locale, du rock au fado, papoter dans un salon meublé façon récup', grignoter de délicieux *petiscos* ou siroter un verre dans le *beergarden*. Une adresse hors des sentiers battus et 100 % lisboète !
Largo do Intendente, Pina Manique, 45 (1er ét.) (E2), M° Intendente • ☎ 218 872 842 • www.casaindependente.com • Mar.-ven. 14h-minuit (2h ven.), sam. 12h-2h • Bière : 2 €.

Cais do Sodré et Bica (quartier 9 - p. 66)

㊳ PENSÃO AMOR
Bar, spectacles

Dans cette ancienne maison close, on sirote des cocktails aux noms évocateurs (Sex on the Beach, Bramble Love...) dans un décor de boudoir érotico-rétro. Une boutique coquine et une librairie érotique font patienter en attendant que commencent

Pensão Amor

les shows burlesques, les spectacles de *pole dance* ou les DJ sets.
Entrée rua Nova do Carvalho, 36-38 (1er ét.) ou rua do Alecrim, 19 (D5) • ☎ 213 143 399 • www.pensaoamor.pt • Dim.-mer. 12h-3h, jeu.-sam. 12h-4h • Bière : à partir de 2 € ; cocktail : 6-11 € (6,50-15 € le soir).

(39) POVO
Fado

Chaque mois, de jeunes artistes en résidence se produisent dans cette sympathique *tasca* contemporaine et culturelle. Conso au bar ou dîner à table pour assister aux concerts de fado.
Rua Nova do Carvalho, 32-36 (D5), M° Cais do Sodré ou tram 25E, arrêt Rua de São Paulo • ☎ 213 473 403 • www.povolisboa.com • Dim.-mer. 18h-2h, jeu.-sam. 18h-4h • Fado : mar., mer. et dim. 21h-23h, jeu.-sam. 20h-22h • Entrée payante : 20 €.

(40) BICAENSE
Bar à cocktails

Situé sur la ligne du petit Ascensor da Bica, le Bicaense propose un mix DJ/cocktail réussi. C'est depuis longtemps l'un des lieux phares pour écouter des mix électro-house-funk ou jazzy jusqu'au bout de la nuit.
Rua da Bica Duarte Belo, 42 (D4), tram 28E, arrêt Calhariz • ☎ 213 257 940 • Mar.-ven. 19h30-2h, sam. 20h-2h • Cocktail : 4-6 €.

(41) THE PARK
Bar dansant

Vous aimez les lieux insolites ? Prenez votre souffle, gravissez les 5 étages d'un escalier miteux, celui d'un parking (!), et vos efforts seront récompensés par la découverte de la terrasse la plus cool de la ville, noyée dans

Povo

la verdure. Après un coucher de soleil inoubliable sur le pont du 25-Avril, vous pourrez vous déhancher sur les sons rock indé, hip-hop old school ou funk des DJ.
Calçada do Combro, 58 (C4), tram 28E, arrêt Santa Catarina • ☎ 215 914 011 • Été : lun.-sam. 13h-2h ; hiver : mar.-sam. 13h-2h, dim. 13h-20h • Cocktail : 6,50-8,50 €.

㊷ BAR DA VELHA SENHORA
Bar, spectacles

Logé dans la même demeure du XVIIIe s. que Pensão Amor (p. 153), le « bar de la vieille dame » est aussi un clin d'œil au passé sulfureux du Cais do Sodré. Au menu, des *petiscos* à picorer entre amis, des performances burlesques suivies de DJ sets et des concerts jazz ou fusion (mer.-jeu.).
Rua Nova do Carvalho, 40 (D5), M° Cais do Sodré ou tram 25E, arrêt Rua de São Paulo • ☎ 213 468 479 • Mar.-jeu. 18h-2h, ven.-sam. 18h-3h • Bière : 2,30 €.

㊸ MUSIC BOX
Musique live

L'une des meilleures adresses pour écouter des groupes indé locaux et étrangers en live : pop, new wave, dub, slam et DJ sets électro... Il y en a pour tous les goûts.
Rua Nova do Carvalho, 24 (D5), M° Cais do Sodré ou tram 25E, arrêt Rua de São Paulo • ☎ 213 473 188 • www.musicboxlisboa.com • Lun.-sam. 22h-6h • Concerts payants • Entrée payante : 6 €.

㊹ SOL E PESCA
Bar

Pour l'apéritif, optez pour ce petit bar original et populaire logé dans une ancienne boutique de pêche. On y accompagne son verre de vin de Madère, de porto ou de moscatel, de thon, d'anchois, de sardines à l'escabèche. On peut même repartir avec sa boîte de sardines (entre 2,60 et 8 €) !
Rua Nova do Carvalho, 44 (D5), M° Cais do Sodré ou tram 25E, arrêt Rua de São Paulo • ☎ 213 467 203 • www.solepesca.com • T. l. j. 12h-2h (3h ven.-sam.) • Bière : env. 2 €.

㊺ O BOM O MAU E O VILÃO
Bar à cocktails

Malgré un nom en hommage à Sergio Leone (traduction portugaise du film *Le Bon, la Brute et le Truand*), ce bar à cocktails branché du Cais do Sodré n'évoque en rien le western spaghetti. Installé dans une demeure pombaline, le lieu est divisé en plusieurs petites salles meublées façon années 1950. Au programme, concerts, projections de films, DJ sets (le w.-e.) et autres événements culturels.
Rua do Alecrim, 21 (D5), M° Cais do Sodré • ☎ 964 531 423 • Dim.-jeu. 19h-2h, ven.-sam. 19h-3h.

㊻ NOOBAI CAFÉ
Bar

Le petit escalier sur la droite de l'esplanade Santa Catarina mène à une terrasse secrète et tranquille avec une vue incroyable sur le Tage et le pont du 25-Avril. Un lieu très agréable pour prendre un verre au soleil couchant (mais la cuisine est assez décevante).

Catarina do Adamastor, rua de Santa Catarina (C4), tram 25E, arrêt Rua de São Paulo/Bica • ☎ 213 465 014 • www.noobaicafe.com • Mar.-jeu. 12h-22h, ven.-sam. 12h-minuit, dim. 12h-20h • Bière 2-4 €.

Noobai Café

Du Parque Eduardo VII aux Avenidas (quartier 10 – p. 70)

㊼ FUNDAÇÃO CALOUSTE GULBENKIAN
Musique classique

La fondation Gulbenkian possède son orchestre philharmonique et son corps de ballet, et reçoit aussi des formations étrangères. Sa programmation de musique classique est l'une des plus riches de Lisbonne.

Avenida de Berna, 45 A (HP par D1), M° Praça de Espanha • ☎ 217 823 700 • www.gulbenkian.pt/musica • Billetterie (sur place) : lun.-ven. 10h-19h, sam. 10h-17h30, dim. 13h-19h (les j. de concert) ou sur www.bilheteira.gulbenkian.pt • Concert et spectacle : 10-70 €.

㊽ CULTURGEST
Centre culturel

Conçu par Arsénio Cordeiro en 1993, cet édifice délirant est le siège de la Caixa Geral de Depósitos (Caisse des dépôts portugaise). C'est aussi un centre culturel spécialisé dans les arts contemporains, qui propose expositions, concerts de jazz, films et rencontres.

Edifício Sede da Caixa Geral de Depósitos, rua Arco do Cego, 1er ét. (HP par E1), M° Campo Pequeno • ☎ 217 905 155 • www.culturgest.pt • Billetterie : lun.-ven. 14h-19h (t. l. j. 11h-19h lors des expos).

VOIR AUSSI :

Praça de Touros | p. 73 ㊾

São Bento et Estrela (quartier 11 - p. 74)

⑩ INCÓGNITO
Club

Rien n'indique ce club qui se la joue incognito dans une rue résidentielle, à deux pas du Bairro Alto. Il faut sonner à la porte pour pénétrer dans cet antre plus vraiment secret de la musique rock indé, new wave et synthé pop. Un classique des soirées lisboètes pour les oiseaux de nuit allergiques aux clubs *mainstream*, par conséquent vite bondé.

Rua dos Poiais de São Bento, 37 (C4), tram 28E, arrêt Rua dos Poiais de São Bento • ☎ 213 908 755 • www.incognitobar.com • Mer.-sam. 23h-4h • Entrée : gratuit-10 €.

Lapa, Madragoa et Santos (quartier 12 - p. 76)

⑪ SR. VINHO
Fado

Une adresse de fado connue de Lisbonne grâce à la renommée de sa propriétaire, Maria da Fé (voir p. 61). Tous les soirs, quatre chanteurs et chanteuses se succèdent sous la direction artistique de cette grande dame du fado qui, hélas, ne chante plus.

Rua do Meio à Lapa, 18 (B4), tram 25E, arrêt Rua Santana à Lapa, bus 713, arrêt Lapa • ☎ 213 972 681 • www.srvinho.com • T. l. j. 19h30-2h • Fado : t. l. j. à 21h • Dîner : env. 50 € ; conso min. 25 € après 22h.

⑫ PLATEAU
Club

Lieu mythique, le Plateau est un régal pour les yeux si l'on aime le baroque : colonnes dorées, fresques d'inspiration mythologique… La discothèque est fidèle à sa vocation originale : pop-rock international (mâtiné années 1980), ce qui lui vaut une clientèle d'habitués.

Escadinhas da Praia, 7 (B5), tram 25E, arrêt Santos-o-Velho • ☎ 213 965 116 • Mer. et ven.-sam. minuit-6h • Boisson : 10-20 €.

⑬ INSTITUT FRANÇAIS DU PORTUGAL
Centre culturel

Pour les nostalgiques, le centre culturel axé sur le dialogue franco-portugais et la création contemporaine propose des projections de films en français, des spectacles de théâtre de poche ainsi que des concerts.

Rua Santos-o-Velho, 11 (B5), bus 25E • ☎ 213 999 270 • www.ifp-lisboa.com • Lun.-ven. 8h30-21h, sam. 8h30-13h.

Alcântara & Santo Amaro (quartier 14 - p. 84)

54 FUNDAÇÃO ORIENTE
Centre culturel

Une programmation variée entre concerts de K-Pop, danse traditionnelle japonaise et chants tibétains.

Avenida de Brasília, Doca de Alcântara (Nord) (HP par A5), trams 15E ou 18E, arrêt Avenida Infante Santo • Info, billetterie : ☎ 213 585 244 • www.museudooriente.pt

55 KINGS AND QUEENS
Club

Dans un vaste entrepôt des docks. Déco minimaliste, plusieurs bars et un *dancefloor* immense inondé des sons électroniques du moment.

Rua da Cintura do Porto de Lisboa, doca de Alcântara, Armazém H, naves A et B (HP par A5), trams 15E ou 18E, arrêt Avenida Infante Santo • ☎ 213 955 870 • Ven.-sam. 23h-6h, dim. 18h-3h • Entrée : 6-12 €.

Belém (quartier 15 - p. 88)

56 CENTRO CULTURAL DE BELÉM
Centre culturel

Le centre culturel de Belém a la programmation la plus éclectique : théâtre, musique classique, jazz, musique contemporaine... L'Orchestre symphonique portugais s'y produit aussi.

Praça do Império (HP par A5), tram 15E, arrêt Centro Cultural de Belém • ☎ 213 612 400 • www.ccb.pt • Billetterie : t. l. j. 11h-20h.

Parque das Nações (quartier 17 - p. 102)

57 MEO ARENA
Concerts

La plus grande salle de concerts de Lisbonne accueille les concerts rock et pop d'envergure internationale. Attention, les places sont chères et partent vite.

Pavilhão Atlântico, Parque das Nações, Rossio dos Olivais (HP par F1), M° Oriente • ☎ 218 918 409 • http://arena.meo.pt • Billetterie ABEP, Fnac ou en ligne.

58 CASINO LISBOA
Casino

Ce casino moderne et géant ne compte pas moins de 3 restaurants, 4 bars (dont le bar central tournant), 1 salle de spectacle, 1 000 machines à sous et 22 tables de jeu.

Alameda dos Oceanos (HP par F4), M° Oriente • ☎ 218 929 000 • www.casinolisboa.pt • Dim.-jeu. 15h-3h, ven.-sam. et veilles de j. f. 16h-4h.

Le top des TERRASSES

Si vous n'avez pas bu un verre en terrasse au soleil couchant, vous n'avez pas vraiment profité de Lisbonne... De la vue sur le Tage à l'adresse insoupçonnable, en voici pour tous les goûts.

NOOBAI CAFÉ

Une terrasse secrète avec vue sur le Tage et le pont du 25-Avril. Voir p. 156.

LUX ET CLUBE FERROVIÁRIO

Les clubbers invétérés y dansent au clair de lune. Voir p. 152.

ENTRETANTO

Vue sur l'Elevador de Santa Justa, le Castelo et la cathédrale... Voir p. 145.

THE PARK

Une terrasse arborée insoupçonnée avec des couchers de soleil inoubliables. Voir p. 154.

Costa do Sol (quartier 19 - p. 110)

VOIR :

Casino d'Estoril | p. 111 (59)

Boutiques

PAR QUARTIER

Les coups de cœur DE NOTRE AUTEUR

Notre auteur a flané dans les ruelles de Lisbonne pour dénicher des boutiques originales et tendance. Petites robes, accessoires design et cadeaux atypiques, elle a tout noté ici !

A LOJA

Bijoux branchés, curiosités locales... Les trouvailles de Gabrielle ont le don de me faire craquer. Voir p. 180.

A VIDA PORTUGUESA

C'est beau, c'est rétro, c'est la boutique de souvenirs la plus cool de la planète ! Voir p. 181.

A CARIOCA

Une relique Art déco où j'adore faire mes provisions de café ou de bonbons. Voir encadré p. 171.

Embaixada

O Vôo da Andorinha

O VÔO DA ANDORINHA

Mes emplettes cadeaux ? Du fait main et des pièces uniques de créateurs locaux. Voir p. 178.

EMBAIXADA

Décor Belle Époque et créativité portugaise : le plus beau concept store de la ville se trouve dans le Príncipe Real. Voir p. 43.

ÁS DE ESPADAS

Une mine de robes vintage : l'adresse qu'on ne souffle qu'aux bonnes copines. Voir p. 167.

CAULINO

Pour voir à l'œuvre une jeune céramiste bourrée de talent et d'idées originales. Voir p. 179.

À SAVOIR

OÙ FAIRE DU SHOPPING ?

Petites boutiques spécialisées à l'ancienne, magasins chic et épiceries fines cohabitent dans la **Baixa**. Le **Chiado** concentre boutiques de mode et de déco sophistiquées. On dénichera les jeunes créateurs et les boutiques vintage, par nature éphémères, dans le **Bairro Alto**, et plusieurs boutiques branchées **rua Dom Pedro V** dans **Príncipe Real**. **Santos** est le fief de la déco design, tandis que **São Bento** et Príncipe Real attirent les chineurs. Les grands noms de la mode portugaise et internationale s'affichent sur la très chic **avenida da Liberdade**, et les chaînes de magasins squattent l'**avenida de Roma** (HP par E1). Procurez-vous le **petit guide shopping *ConVida*** (http://lisboa.convida.pt), mine de bonnes adresses. On le trouve dans les boutiques ou les bars, et il est gratuit.

HORAIRES

Dans les **quartiers commerçants**, les magasins sont en général ouverts du lundi au samedi de 10h à 19h, à l'exception des **petits commerces** qui font parfois une pause entre 13h et 15h et ferment le samedi après-midi (sauf en décembre où ils restent ouverts). Les **boutiques du Bairro Alto** n'ouvrent pas avant midi mais ferment tard dans la soirée en fin de semaine.

SOLDES

Les **soldes d'hiver** ont lieu de fin décembre à fin février, et les **soldes d'été** de mi-juillet à mi-septembre. Tout au long de l'année, de nombreux magasins affichent des promotions intéressantes.

SE REPÉRER

Chaque adresse de boutique est associée à une pastille rouge numérotée. Vous retrouverez toutes les adresses positionnées sur le plan détachable.

Boutiques PAR QUARTIER

Baixa (quartier 1 - p. 24)

① A OUTRA FACE DA LUA
Friperie

L'antre *shabby chic* de Carla Belchior est une mine de fringues vintage des années 1960, 1970 et 1980 à prix doux. C'est une institution à Lisbonne, remplie de petites robes en coton ou en polyester (5-80 €), de jeans rétro et de maillots de bain de style pin-up. Un café à la déco vintage propose tartines et salades (env. 6 €). Vous trouverez une seconde boutique en face, Viúva Alegre, au n° 19 (lun.-sam. 10h-19h30).

Rua da Assunção, 22 (E4) • ☎ 218 863 430 • www.aoutrafacedalua.com • Lun.-sam. 10h-20h, dim. 12h-19h.

② AMATUDO
Souvenirs et cadeaux

On y butine de ravissants souvenirs portugais traditionnels ou remis au goût du jour (pas de *made in China* !). De petites merveilles faites main - mouchoirs des amoureux, bijoux fantaisie, broches en feutrine brodées, animaux en tissu, céramiques - voisinent avec des jouets rétro, des savons de luxe (à partir de 5 €), des sabots (20 €), sans oublier les gourmandises locales : sardines, huiles et confitures.

Rua da Madalena, 76-78 (E4), M° Baixa-Chiado • ☎ 919 604 834 • Lun.-sam. 10h30-19h30 (ouv. dim. en août).

A Outra Face da Lua

③ GARRAFEIRA NACIONAL
Caviste

C'est l'un des grands cavistes de Lisbonne. Il offre un très vaste choix de vins de porto (voir les raretés dans la cave du fond), vins portugais, vins de Madère, moscatel de Setúbal, liqueurs locales, mais aussi whiskies, gins et vodkas. Pour la valise, optez pour les mignonettes (coffret de cinq mini-portos à 9,50 €).

Rua de Santa Justa, 18 (E4), M° Rossio • ☎ 218 879 080 • www.garrafeiranacional.com • Lun.-ven. 9h30-19h30, sam. 9h30-19h.

④ LISBON SHOP
Souvenirs et cadeaux

Faites un saut dans la boutique de l'office de tourisme. Dans un bel espace tout blanc, un tas d'objets pour tous les goûts sont exposés : bijoux de créateurs, carnets à l'effigie de Fernando Pessoa, porcelaines traditionnelles, mugs fado ou Lisboa, savons aux jolis emballages rétro (3,50-20 €), petits azulejos contemporains ou anciens, céramiques, etc.

Rua do Arsenal, 15 (E5), M° Terreiro do Paço • ☎ 210 312 802 • T. l. j. 9h30-19h30.

⑤ SANTOS OFÍCIOS
Artisanat portugais

Du Minho à l'Algarve, toutes les régions du Portugal sont représentées. Vous découvrirez les céramiques noires de Molelos, les pièces en métal peint du Minho, les céramiques traditionnelles de l'Alentejo, des poupées en feuilles de maïs, de jolis jouets en bois... et vous sourirez certainement devant les personnages en terre cuite de Mistério ! Cette maison vous parlera avec amour des nombreux artisans dont elle fait la promotion. L'échelle de prix est large : tous les porte-monnaie pourront se satisfaire.

Rua da Madalena, 87 (E4), M° Baixa-Chiado, tram 28E, arrêt Largo da Madalena • ☎ 218 872 031 • www.santosoficios-artesanato.pt • Lun.-sam. 10h-20h.

Rossio (quartier 2 - p. 30)

⑥ CASA MACÁRIO
Caviste-Brûlerie

Importateur depuis le début du XXe s., la maison Macário offre une incroyable variété de cafés des anciennes colonies portugaises (Brésil, 14 €/kg ; îles de Sao Tomé, 23 €/kg, Afrique, Timor, Indonésie) qu'elle torréfie sur place.
Vous y trouverez aussi le plus vieux porto de Lisbonne, ou celui de vos rêves, un *colheita*, un *LBV* ou un *vintage* (voir p. 138).

Rua Augusta, 272-276 (E4), M° Rossio • ☎ 213 420 900 • http://casamacario.com • Lun.-sam. 9h-20h, dim. 14h-20h.

⑦ MANUEL TAVARES
Épicerie fine

Les étagères de cette épicerie fine regorgent de marchandises, la confiserie côtoie les spécialités régionales et les parfums se mélangent. C'est l'un des endroits où acheter vos souvenirs culinaires : *queijo da Serra* (fromage de brebis) à 27,70 € le kilo, *beira Baixa* (jambon cru), charcuterie alentéjane (*chouriço*, pieds de porc, saucissons fumés et *alheiras de Mirandela*), des confitures de couvent et des portos.

Rua da Betesga, 1 A/B (E4), M° Rossio • ☎ 213 424 209 • www.manueltavares.com • Lun.-sam. 9h30-19h30.

⑧ CAMISARIA MODERNA
Mode homme

Une boutique un brin surannée mais connue de tous les Lisboètes. António Regojo Rodriguez, son fondateur, a été décoré par l'ancien président de la République portugaise, Mário Soares, pour son action en faveur des handicapés et des personnes âgées. Ici, vous pourrez vous faire fabriquer sur mesure une chemise dans le tissu de vos rêves (80 € en coton, 240 € en soie). Si vous êtes de passage, Camisaria Moderna l'expédiera une fois terminée. Également du prêt-à-porter et un rayon grandes tailles bien fourni.

Praça Dom Pedro IV, 110 (E4), M° Rossio • ☎ 213 242 860 • www.camisariamoderna.com • Lun.-sam. 10h-19h.

⑨ DISCOTECA AMÁLIA
Musique

Ce disquaire un peu vieillot est une adresse incontournable pour les amateurs de fado. Accueillis par le portrait de la grande Amália (dont vous êtes sûr de trouver tous les enregistrements sur place), les collectionneurs avertis y dénicheront à coup sûr des raretés !

Rua Áurea, 272 (E4), M° Baixa-Chiado • ☎ 213 420 939 • Lun.-ven. 10h-13h et 14h-19h, sam. 10h-16h.

⑩ LUVARIA ULISSES
Gants

Aucun doute, vous avez déniché la plus petite vitrine de Lisbonne. Ici, tout vous ira « comme un gant » ! Cuir souple, peau retournée, daim, dentelle, couleurs classiques ou tons à la mode,

Discoteca Amália

Le top des BOUTIQUES VINTAGE

On peut dénicher à Lisbonne des trésors de déco ou vêtements vintage à rapporter en souvenir. Voici notre top 5 de la chine *made in Lisboa* :

A OUTRA FACE DA LUA

Une institution lisboète pour s'habiller vintage (années 1960-80). Voir p. 163.

ÁS DE ESPADAS

Belle sélection de vêtements et accessoires. Voir p. 167.

CASA DAS ÁGUAS

Délicieux bric-à-brac insolite. Voir p. 169.

MEMÓRIAS DO TEMPO

Jolie boutique de trouvailles et curiosités. Voir p. 181.

Oficina à Lapa

OFICINA À LAPA

Vintage relooké par des designers. Voir p. 183.

avec ou sans piqûres... des *luvas* (gants) pour toutes les occasions (à partir de 46 € pour un article en cuir). Posez votre main sur le coussin du comptoir et laissez-vous ganter comme on le fait ici depuis 1923... Attention, pas plus de deux personnes à la fois dans la boutique !
Rua do Carmo, 87 A (E4), M° Rossio • ☎ 213 420 295 • www.luvariaulisses.com • Lun.-sam. 10h-19h.

⑪ ANTIGA CASA DO BACALHAU
Épicerie fine

En plein centre-ville, le roi de la morue vous en présente toutes les variétés dans une échoppe très... authentique, avec une odeur qui l'est tout autant ! Si vous voulez vous faire un *bacalhau com natas* à votre retour, demandez des *postas* bien épaisses et emballez-les soigneusement dans du plastique pour le voyage ! Sinon, conserves de thon et de sardines à partir de 1,10 €.

Praça da Figueira, 2 B (E3/E4), M° Rossio • ☎ 213 426 256 • Lun.-ven. 9h-19h, sam. 9h-13h.

Chiado (quartier 3 - p. 34)

⑫ EUREKA
Chaussures

Des chaussures pour homme et femme fabriquées au Portugal et signées Filipe Sousa, Nuno Gama, Eureka, Grotesque ou Miss Julia. La boutique regorge de modèles tendance, élégants et de bonne qualité à des prix autour de 90 € ! Vous pourrez aussi dénicher sacs en cuir et accessoires de mode.

Rua Nova do Almada, 26-28 (E4), M° Baixa-Chiado • ☎ 213 468 173 • www.eurekashoes.com • T. l. j. 10h-19h30.

⑬ ÁS DE ESPADAS
Friperie

Pour les âmes rétro, cet antre vintage renferme une belle sélection de vêtements des années 1920 à 1990, à prix étonnamment doux. Petites robes façon Twiggy (autour de 35 €), escarpins glamour, foulards en soie et petits sacs en cuir irrésistibles, difficile de repartir les mains vides ! La deuxième boutique au n° 26-28 est spécialisée dans les habits vintage masculins.

Calçada do Carmo, 42 (D4), M° Rossio • ☎ 916 789 199 • Lun.-sam. 12h-20h.

⑭ LUA DE CHAMPAGNE
Mode femme

Des fringues aux couleurs pétillantes dans la tendance chic bohème, dont la ligne maison joue avec les paillettes ou les couleurs fluo, voilà une garde-robe pleine de bonne humeur (entre 15 et 74 €). Côté accessoires, les tentations sont multiples avec de ravissants bijoux fantaisie de créateurs portugais et de jolis foulards aux tons poudrés.

Calçada do Sacramento, 17 (D4), M° Baixa-Chiado • ☎ 965 36 00 35 • Lun.-sam. 12h-20h.

⑮ QUIOSQUE DAS BONECAS
Enfants

Poupées, peluches tricotées ou en tissu, boîtes à musique et grosses toupies en fer (à partir de 8,95 €), rééditions de jouets rétro en bois, jeux amusants ou coffrets créatifs... Vous trouverez sûrement de quoi faire plaisir à vos amours en culotte courte dans cette petite station à jouets du Chiado.

Largo de São Carlos, 11 (D4), M° Baixa-Chiado • ☎ 913 991 765 • Lun.-sam. 10h30-19h.

⑯ CASA HAVANEZA
Tabac

L'adresse est mythique et citée dans tous les romans d'Eça de Queirós ! C'est que le premier bureau de tabac du Portugal, ouvert en 1864, a vu défiler toute l'élite intellectuelle et politique du XIXe s. et du début du XXe s. Son décor de bois tout en lignes courbes, réalisé dans les années 1960 par Carvalho, est superbe. Ancien fournisseur officiel de la famille royale, la maison est spécialisée dans le cigare cubain (de 5,50 € à 34 € l'unité) et propose tous les accessoires du fumeur. Belle sélection de pipes.

Largo do Chiado, 25 (D4), M° Baixa-Chiado • ☎ 213 420 340 • www.casahavaneza.com • T. l. j. 10h-19h.

⑰ WE THREE - LOJA DO CHIADO
Mode femme

Cette superbe boutique expose les créations de trois stylistes portugaises : vêtements ethniques et chic de TM Collection, patchworks de tissus brodés et imprimés à la main. Côté accessoires : sacs et ceintures en cuir bohèmes ou girly de Muu et les irrésistibles chaussures signées Catarina Martins (sandales 80-300 €).

Rua da Misericórdia, 102 (D4), M° Baixa-Chiado • ☎ 213 472 293 • Lun.-sam. 10h30-19h30.

⑱ UP ! TOWN LISBOA
Mode homme

Chez Bruno et Jacob, c'est la tendance sportswear qui domine avec un mix de marques internationales : polos Merc à la coupe *Mods*, chemises fleuries Ganesh, denims Scotch & Soda et autres nippes signées Henri Cotton's ou TS Collection. Vous y trouverez de quoi vous chausser branché ainsi qu'un grand choix de maillots de bain (45-72 €) au fond de la boutique.

Rua da Misericórdia, 68 (D4) • ☎ 916 963 731 • Lun.-sam. 10h30-20h, dim. 14h30-20h.

⑲ CORK & CO
Déco

C'est étonnant de voir tout ce que l'on peut faire avec du liège. Outre les bijoux (à partir de 15 €), les sacs et les écharpes, le liège s'invite dans toute la maison et se la joue design : fauteuil, abat-jour, set de table, seau à champagne, vaisselle (mugs mixant céramique et liège). Résistant à l'eau et à la chaleur, naturel et recyclable, le matériau emblématique du Portugal s'inscrit très bien dans la tendance *eco-friendly* du moment.

Rua das Salgadeiras, 10 (D4), tram 28E, arrêt Praça Luís de Camões • ☎ 216 090 231 • www.corkandcompany.pt • Lun.-jeu. 11h-22h (21h en hiver), ven.-sam. 11h-minuit.

⑳ SKYWALKER
Mode homme

Tee-shirts graphiques, chemises à carreaux Supremebeing (35 €), gilets de hipsters, sweats revus et corrigés, marcels modernisés et shorts aux imprimés décalés... on déniche de vrais petits trésors streetwear dans cette échoppe branchée. Pour compléter la tenue, des baskets *street style*, des casquettes bariolées et des montres Casio tout droit sorties des années 1980.

Rua do Norte, 12 (D4), M° Baixa-Chiado, tram 28E, arrêt Praça Luís de Camões • ☎ 213 461 048 • Lun.-jeu. 10h-21h, ven.-sam. 10h-22h, dim. 15h-20h.

㉑ CASA DAS ÁGUAS
Déco

Un bric-à-brac où il fait bon chiner ! Les objets insolites sont légion : casquettes de l'armée russe, vieux appareils photo, machines à

Skywalker

écrire, petites voitures, céramiques portugaises très kitsch, pancartes de pub en émail, 45 tours de fado, poudriers Art déco, lustres *sixties* et toute une ribambelle de boîtes en fer au design rétro. À vous de trouver la perle rare !

Rua Áurea, 243 (E4), M° Baixa-Chiado ou Rossio • ☎ 961 696 758 • Lun.-ven. 10h30-19h30, sam. 15h-19h.

㉒ PARIS EM LISBOA
Linge de maison

À la Belle Époque, les élégantes y achetaient le dernier tissu à la mode ou s'y faisaient tailler des robes haute couture. La boutique, ouverte en 1888, a conservé ses belles boiseries. Trois étages de beau linge pour la maison (nappes brodées, serviettes de toilette *made in Torres Novas*, chemises de nuit et pyjamas...) et une ribambelle d'objets au charme rétro : brosses à cirer, pinces à linge, savons de

luxe de la marque centenaire Claus Porto (7, 90 € la savonnette)...
Rua Garrett, 77 (D4), M° Baixa-Chiado, tram 28E, arrêt Chiado • ☎ 213 424 329 • http://parisemlisboa.pt • Lun.-sam. 10h-19h.

㉓ VISTA ALEGRE
Arts de la table

Fondée en 1824 près d'Aveiro, petite ville au nord du Portugal, Vista Alegre est la plus réputée des fabriques de porcelaine portugaises. La boutique présente des lignes classiques ainsi que de jolis modèles modernes, dont les fantaisies de Bordalo Pinheiro (petite grenouille 6-10 €), à des prix beaucoup plus abordables que le « Limoges » !
Largo do Chiado, 20-23 (D4), M° Baixa-Chiado • ☎ 213 461 401 • www.vistaalegreatlantis.com • Lun.-sam. 10h-20h, dim. et j.f. 11h-20h.

㉔ TERESA ALECRIM
Linge de maison

Le magasin des petits cadeaux raffinés et légers dans la valise ! Beaucoup de choix à des prix doux : torchons en lin, serviettes de table (env. 5 €) et de toilette (à partir de 15 €), sets de table et nappes, vous aurez l'embarras du choix. Avec ses jolies couleurs et son superbe ruban comme emballage, votre petit paquet fera un certain effet !
Rua Nova do Almada, 76 (E4), M° Baixa-Chiado • ☎ 213 421 831 • www.teresaalecrim.com • Lun.-ven. 10h-19h, sam. 10h-13h30 (19h déc.) • Autre adresse : Centro Comercial das Amoreiras, Avenida Engenheiro Duarte Pacheco (A1-2), M° Rato, bus 713 ou 758, arrêt Amoreiras • ☎ 213 833 335 • T. l. j. 10h-23h.

Teresa Alecrim

Tscha, tscha, tscha...

Les premiers Portugais arrivés à Canton découvrent avec enchantement un rituel magique et une boisson purificatrice : le *tscha*... Ce vocable chinois désigne une plante médicinale, utilisée depuis plus de 4 000 ans pour purifier le corps et aiguiser les sens. Le thé, puisque c'est de lui qu'il s'agit, prend donc vers 1520, avec bien d'autres épices, la route du Portugal. C'est, dit-on, le mariage de Catherine de Bragance avec Charles II d'Angleterre en 1662 qui aurait permis l'introduction de ce breuvage outre-Manche (la princesse portugaise étant une adepte du *five o'clock tea !*). Pour acheter du *tscha* - ou *chà* - à Lisbonne, deux adresses incontournables dans le Chiado : Casa Pereira et A Carioca.

Casa Pereira • Rua Garrett, 38 (D4), M° Baixa-Chiado • ☎ 213 426 694 • Lun.-sam. 9h-19h, f. j.f.
A Carioca • Rua da Misericórdia, 9 (D4) • M° Baixa-Chiado • ☎ 213 420 377 • Lun.-ven. 9h-19h, sam. 9h-13h.

㉕ LIVRARIA FERIN
Librairie

Outre les nombreux ouvrages en français sur les grands personnages historiques, vous trouverez les incontournables de la littérature lusophone traduits dans la langue de Molière : Antunes, Pessoa, Saramago, Miguel Sousa Tavares... L'occasion de repartir avec *Les Lusiades* de Camões.

Rua Nova do Almada, 70-74 (E4), M° Baixa-Chiado ou Rossio • ☎ 213 424 422 • http://ferin.pt • Lun.-ven. 10h-20h, sam. 10h-13h30 et 15h-19h.

㉖ FÁBRICA SANT'ANNA
Azulejos

C'est le magasin de la fabrique Sant'Anna, l'une des rares du XVIIIe s. à fabriquer encore céramiques et azulejos. Tout y est toujours fait à la main et selon des procédés traditionnels. On y trouve des panneaux, des copies de motifs anciens, des objets décoratifs et des tas de petits souvenirs à emporter. L'atelier, situé à Belém, peut se visiter (Sant'Anna, calçada da Boa Hora, 96 (HP par A5), ☎ 213 638 292, visite gratuite sur réservation).

Rua do Alecrim, 95 (D4), M° Baixa-Chiado, tram 28E, arrêt Praça Luís de Camões • ☎ 213 422 537 • www.santanna.com.pt • Lun.-ven. 9h30-19h, sam. 10h-19h.

㉗ COMPANHIA NACIONAL DE MÚSICA
Musique

L'adresse est très sérieuse en matière de musique classique, de musique en langue portugaise

et de fado. Les néophytes qui font leurs premiers pas dans le monde du fado y seront aussi bien conseillés que les mélomanes en quête d'enregistrements précis. La maison, qui produit, édite et distribue, possède son propre catalogue et un fonds de partitions de musique.
Rua Nova do Almada, 60 (E4), M° Baixa-Chiado ou Rossio • ☎ 213 420 918 • www.cnmusica.com • Lun.-ven. 10h-20h, sam. 10h30-20h.

㉘ LOUIE LOUIE
Musique

Puristes du vinyle et amateurs de musique indé vont aimer fouiner les bacs de ce magasin de disques du Chiado. Rock, pop, électro mais aussi musique portugaise, funk, disco et bossa brésilienne constituent la manne principale de ce joli stock de vinyles. Platines à disposition pour faire son choix. Café sur place.

Louie Louie

Escadinhas do Santo Espírito da Pedreira, 3 (par la rua Nova do Almada) (E4), M° Baixa-Chiado • ☎ 213 472 232 • www.louielouie.biz • Lun.-sam. 11h-19h30, dim. et j.f. 15h-19h30.

㉙ CUTIPOL
Arts de la table

La grande marque de coutellerie portugaise s'est donné un nouveau look. Des boutiques à la déco plutôt design : meubles en bois clair, étagères en verre dépoli et éclairages doux. La gamme de couverts s'est élargie avec des modèles très modernes. Par exemple, la référence Madison, qui connaît un grand succès auprès des restaurants branchés du monde entier.
Rua do Alecrim, 113-115 (D4), tram 28E, arrêt Praça Luís de Camões • ☎ 213 225 075 • www.cutipol.pt • Mar.-sam. 10h-14h et 15h-19h.

㉚ SAPATARIA DO CARMO
Chaussures

Fondée en 1904, cette boutique emblématique est l'une des plus vieilles de Lisbonne. On s'y fait chausser avec un petit plaisir nostalgique dans un charmant décor années 1950, entre banquettes de velours cramoisi et petits tiroirs à chaussures *old school*. Derbys et mocassins pour ces messieurs, escarpins ou bottes cavalières pour ces dames, tout est fait main au Portugal (de 90 à 260 €). La deuxième boutique

au n° 27, Shes You, propose des modèles plus *casual* et *sportwear*.
Largo do Carmo, 26 (D4), M° Baixa-Chiado • ☎ 213 423 386 • www.sapatariadocarmo.com • Lun.-sam. 10h-13h30, 14h15-20h, dim. 11h-19h.

㉛ O MUNDO DO LIVRO
Gravure

C'est la meilleure adresse de Lisbonne pour les gravures en tout genre. Rodrigues Pires est un expert que l'on vient consulter des quatre coins du monde. Trois étages de gravures originales : XVIe, XVIIe et XVIIIe s. sur tous les thèmes possibles et imaginables, et une gamme de prix très étendue (de 2 à 5 000 €).
Largo da Trindade, 11-12 (D4), M° Baixa-Chiado, bus 202 ou 758, arrêt Largo Trindade Coelho • ☎ 213 469 951 • www.mlivro.com • Lun.-sam. 10h-19h.

㉜ FABRICA FEATURES
Souvenirs et cadeaux

Perché au 4e étage du magasin Benetton, Fabrica est le showroom branché des jeunes designers portugais. Vaisselle design, carnets aux couvertures funky (autour de 6 €), sacs en toile imprimée, stickers, céramique futuriste, livres... tout est chouette. À voir, le vieil ascenseur au rez-de-chaussée, relique de l'ancien magasin. Magnifique !
Rua Garrett, 83 (D4), M° Baixa-Chiado • ☎ 213 256 764 • www.fabricafeatures.com • Lun.-sam. 10h-20h, dim. et j. f. 11h-19h.

Cadeaux et souvenirs MADE IN PORTUGAL

Première règle, éviter les bazars remplis de bibelots *made in China*. Lisbonne recèle de merveilleuses boutiques où dénicher de jolis souvenirs faits main et pas chers ! On pourra jouer la carte du *fabricado em Portugal* rétro : conserves enveloppées de papier kraft, hirondelles en céramique de Bordalo Pinheiro, savons de luxe aux emballages Art nouveau... ou miser sur les accessoires de jeunes créateurs. Voici notre sélection :

THIS & THAT

Irrésistible mix de trésors décalés. Voir p. 176.

A VIDA PORTUGUESA

Objets touchants et poétiques, 100 % portugais. Voir p. 181.

A ARTE DA TERRA

Un lieu dédié à l'artisanat portugais. Voir p. 178.

LOJA GALERIA ORIGINAL

Cadeaux, objets design et créations originales. Voir p. 184.

LISBON SHOP

Souvenirs locaux, pour tous les goûts. Voir p. 164.

AMATUDO

Souvenirs portugais traditionnels. Voir p. 163.

Bairro Alto (quartier 4 - p. 38)

㉝ A FÁBRICA DOS CHAPÉUS
Chapeaux

Luís a des idées plein la tête et en fait des chapeaux ! Des casquettes militaires, des panamas revisités, des bérets ou des chapeaux très *british*. Les filles s'y feront également plaisir avec des chapeaux-cloches, des chapeaux de plage ou des casquettes gavroche. C'est tendance, élégant et abordable (casquettes à partir de 16 €, chapeaux à partir de 29 €).

Rua da Rosa, 118 (D4), bus 202 ou 758, arrêt Largo Trindade Coelho • ☎ 913 086 880 • www.afabricadoschapeus.com • Lun.-jeu. 11h-20h30, ven.-sam. 11h30-21h.

㉞ ROSA 78
Mode et accessoires

Dans cette boutique lilliputienne du Bairro Alto sont réunies les créations originales de jeunes stylistes portugais. Outre les vêtements, toute une ribambelle d'accessoires à faire craquer les âmes baba cool ou fleur bleue : bijoux en pâte à modeler, porte-monnaie en cuir, en plastique ou en feutrine et sacs improbables. Le tout à prix doux !

Rua da Rosa, 78 (D4) • ☎ 968 219 213 • http://rosa-78.blogspot.com • Lun., mar. et sam. 12h-20h, mer.-ven. 12h-23h.

Príncipe Real (quartier 5 - p. 42)

㉟ KOLOVRAT
Mode femme

Lidija Kolovrat habille la chanteuse Mariza, l'artiste Joana Vasconcelos et les plus excentriques !

Rua Dom Pedro V, 79 (C3/D3), bus 202 ou 758, arrêt Príncipe Real • ☎ 213 874 536 • www.lidijakolovrat.org • Lun.-sam. 11h-20h.

㊱ ALEXANDRA MOURA
Mode femme

Le style de cette créatrice établie ? Des coupes géométriques et des couleurs fortes.

Rua Dom Pedro V, 77 (D3), bus 202 ou 758, arrêt Príncipe Real • ☎ 213 142 511 • www.alexandramoura.com • Lun.-sam. 11h-20h.

㊲ PRÍNCIPE REAL
Linge de maison

La dernière maison de Lisbonne où l'on brode encore à la main ! Fournisseur des maisons royales depuis presque un siècle, c'est l'adresse pour trouver l'authentique trousseau de grand-mère, sur les pas de Grace Kelly ou Jackie Kennedy : linge de maison (nappe avec 12 serviettes à partir de 29 €, draps de lit à partir de 59 €), napperons, chemises de nuit... Pour le fin du fin, les prix peuvent atteindre des sommets...

Rua da Escola Politécnica, 12-14 (C3), bus 202 ou 758, arrêt Rua da Escola Politécnica • ☎ 213 465 945 • www.principereal.com • Lun.-ven. 9h-18h, sam. 9h-13h.

㊳ ESPAÇO B
Mode homme

Une boutique aux allures de galerie d'art où ces messieurs pourront dénicher montres *eighties* revisitées, lunettes d'aviateur, parfums, besaces et livres d'art ou de design. Côté mode, on opte pour un look urbain et décontracté avec des tee-shirts aux imprimés originaux signés Misericordia, Nixon, Play, Criminal Damage ou de la marque lisboète +351.

Rua Dom Pedro V, 120 (C3), bus 202 ou 758, arrêt Príncipe Real • ☎ 213 461 210 • www.espaco-b.com • Lun.-sam. 10h30-19h30.

㊴ THIS & THAT
Souvenirs et cadeaux

Entre les lampes design (têtes d'animaux façon origami), les œuvres d'art décalées d'artistes portugais (à partir de 15 €), les petits trésors de papeterie fantaisie ou la vaisselle artisanale poétique, difficile de repartir les mains vides de cette jolie boutique ! Dans ce mix de jolies choses, on trouve encore des peluches rigolotes, des nappes funky et des poupées gigogne branchées.
Rua da Escola Politécnica, 50 (C3) • ☎ 213 420 330 • www.thisandthat.pt • T. l. j. 10h-19h.

㊵ REAL SLOW RETAIL CONCEPT STORE
Enfants

Plusieurs stands de mode et de déco se partagent un bel espace industriel doté d'un café revisitant la cuisine italienne. Loja Real dessine sa propre ligne de vêtements pour enfants, complétée de jolis chaussons faits main et d'espadrilles *made in Portugal* (12-18,50 €). Un stand déborde de livres illustrés et de jouets rétro.
Praça do Príncipe Real, 20 (C3), bus 202 ou 758, arrêt Príncipe Real • ☎ 213 461 147 • Lun.-sam. 10h30-20h, dim. 13h-20h.

㊶ FLY LONDON
Chaussures

La première boutique de la marque de chaussures 100 % portugaise et funky a ouvert ses portes sur l'avenue la plus chic de Lisbonne ! Colorés, atypiques, les modèles en cuir, des sandales aux sabots en passant par les derbys revisités, sont conçus pour affronter la jungle urbaine et sont très confortables. Comptez autour de 100 € la paire.
Avenida da Liberdade, 230 (C2), M° Avenida • ☎ 213 161 169 • www.flylondon.com • Lun.-sam. 10h-19h.

㊷ ROSA & TEIXEIRA
Mode homme

Les grands noms de la mode internationale s'affichent ici, dans la belle déco intérieure de l'architecte Fernando Jorge Correia : tons naturels et bois de hêtre mettent en valeur vêtements et matières (soie, lin, laine...) et donnent au lieu un air de maison de haute

Les enfants d'abord !

L'enfant est roi au Portugal et le nombre de boutiques pour les *crianças* (enfants) est impressionnant ! Du côté des activités, hormis une traditionnelle promenade dans l'un des fameux *elétricos*, une visite au musée de la Marionnette (voir p. 79) et à l'Oceanário les comblera (voir p. 104).

couture parisienne. Également du sur-mesure pour ceux qui n'auraient pas trouvé leur bonheur en prêt-à-porter, sans oublier un large rayon de *sportswear* chic et classique. La jet-set portugaise s'habille ici... (à partir de 100 €).
Avenida da Liberdade, 204 (D2), Mº Avenida • ☎ 213 110 350 • www.rosaeteixeira.pt • Lun.-sam. 10h-19h30.

㊸ SOLAR
Azulejos

Vous voulez un panorama de l'art de l'azulejo ? Cet antiquaire réputé propose un échantillon incroyable de carreaux du XVIe s. aux années 1930 : *figura avulsa*, frises bleu et jaune, *painéis*... De toutes tailles et pour toutes les bourses (à partir de 10 €). La boutique mérite le coup d'œil.
Rua Dom Pedro V, 70 (D3), bus 202 ou 758, arrêt São Pedro de Alcântara • ☎ 213 465 522 • Lun.-ven. 10h-19h, sam. 10h-13h (f. sam. juil.-août).

㊹ MINI BY LUNA
Enfants

Un amour de boutique proposant un mix d'accessoires, de jouets

Solar

et de vêtements bobos (de 30 à 100 €) pour les petits de 0 à 12 ans. Des chaussons tricotés aux jouets en bois en passant par les peluches rigolotes, les tutus et les coussins en étoile, tout est à croquer ! Les mamans peuvent aussi s'y habiller et glaner de jolis objets déco pour la maison.
Rua Dom Pedro V, 74 (D3) • ☎ 213 465 161 • Lun.-sam. 10h30-20h.

VOIR AUSSI :

Embaixada | p. 43 | C3 ㊺
Entre Tanto | p. 44 | C3 ㊻

De l'Alfama au Castelo (quartier 6 - p. 46)

㊼ ERA UMA VEZ UM SONHO
Enfants

Il était une fois un rêve... ou une plongée dans un conte de fée ! Dans son échoppe-atelier, Julieta Franco, illustratrice de livres pour enfants, transforme d'un coup de baguette magique ses petits personnages imaginaires en poupées de tissu multicolore

(à partir de 20 €) : princesses, fées, pieuvres, poules, arbres magiques... Tout est fait main, du petit hochet aux berceuses en tissu, des tee-shirts aux sacs en toile (10 €), imprimés de joyeux motifs.
Rua do Barão, 28 (F4), trams 12 ou 28E, arrêt Limoeiro • ☎ 968 801 455 • www.eraumavezumsonho.com • Lun.-sam. 10h-20h.

⑱ O VÔO DA ANDORINHA
Souvenirs et cadeaux

Si vous aimez les boutiques créatives, voici une adresse hors des sentiers battus, vitrine bohème d'une trentaine de créateurs locaux. Au menu, du fait main, des pièces recyclées, de l'originalité et de la bonne humeur : bijoux en touches de machine à écrire, portefeuilles confectionnés avec des sacs en plastique ou en pneu de vélo, meubles customisés, tee-shirts graphiques en éditions limitées (environ 43 €) et garde-robe vintage.

O Vôo da Andorinha

Rua do Barão, 28 (F4), trams 12E ou 28E, arrêt Limoeiro • ☎ 936 968 888 • Lun.-sam. 9h30-20h.

㊾ CHI-CORAÇÃO
Mode femme

Si vous aimez les teintes et les tissus naturels, Chi-Coração est fait pour vous ! Dans l'agréable boutique où le bois domine, des créations artisanales et portugaises du meilleur goût : capes amples (75-150 €), tricots agrémentés de broches en feutrine, sacs en lin ou en laine, écharpes et, pour les soirées d'hiver, pantoufles fourrées en laine de mouton. Jetez un œil aux plaids et aux figurines naïves.
Rua Augusto Rosa, 22-24 (F4), trams 12E ou 28E, arrêt Sé • ☎ 969 307 096 • www.chicoracao.pt • T. l. j. 10h-21h.

㊿ A ARTE DA TERRA
Souvenirs et cadeaux

Derrière la cathédrale Sé se cache un autre sanctuaire : celui de l'artisanat portugais ! Dans une vaste salle, aux murs blanchis à la chaux et au sol pavé de gros galets, sont exposés les œuvres et les travaux d'artistes et d'artisans de tout le pays : linge de maison brodé aux couleurs joyeuses, patchworks, chaussons traditionnels, mouchoirs d'amoureux, poupées molles, statuettes naïves et vêtements de créateurs.
Rua Augusto Rosa, 40 (F4), trams 12E ou 28 E, arrêt Limoeiro • ☎ 212 745 975 • www.aartedaterra.pt • T. l. j. 11h-20h (f. 25 déc.,1er janv.).

⑤① BARBEARIA OLIVEIRA
Barbier

Vieux fauteuils, *calçada* portugaise au sol et objets d'un autre temps... Il règne un doux parfum d'antan chez ce petit barbier branché du Rossio. Ces messieurs pourront s'y arrêter pour un rasage à l'ancienne ou une coupe de cheveux stylée à petit prix.
Rua dos Remédios, 27 (F4), bus 206 ou 210, arrêt Casa do Conto • ☎ 966 579 835 • Lun.-sam. 9h30-19h • Coupe : 10 € ; rasage : 10 €.

⑤② CAULINO
Céramique

Faites une halte dans l'atelier de Catia Pessoa, une jeune céramiste bourrée de talent et d'imagination. Entre les bustes souris ou poulet, les plats froissés ou les vide-poches minimalistes, ces pièces délirantes ou poétiques bousculent la céramique portugaise. Petites pièces à partir de 15 €. Catia propose aussi des ateliers (90 € le mois / 2h/ sem., 160 € le mois / 4h/sem.).
Rua de São Mamede, 28 (E4), M° Baixa-Chiado • ☎ 917 296 439 • www.caulinoceramics.com • T. l. j. 11h-18h.

⑤③ SILVA E FEIJÓO
Épicerie fine

Ancienne fabrique de cordes pour la navigation, cette échoppe de 1919 tout en pierre abrite une épicerie où vous pourrez faire le plein de produits typiques : charcuterie, boîtes de sardines, gelée de Porto, douceurs de couvent, confitures, miel, cookies au gingembre, *ginja*, moscatel et vins de Madère... entre bouchons en liège et ustensiles de cuisine.
Rua dos Bacalhoeiros, 117 (E4), M° Terreiro do Paço • ☎ 912 163 084 • Lun.-sam. 10h-13h30 et 14h30-19h.

Caulino

⑤④ PONTO LX
Souvenirs et cadeaux

Inès Areal Silva est une jeune créatrice qui confectionne de délicieux objets décoratifs en tissu. Sa petite échoppe pullule de sardines multicolores de toutes tailles (à partir de 8,50 €) - aujourd'hui copiées par les boutiques de souvenirs -, d'hirondelles et de coqs de Barcelos sympathiques. On aime aussi les colliers en textile et les pantoufles typiques du Nord faites par la grand-mère.
Rua Augusto Rosa, 23 (F4) • ☎ 210 183 213 ou 912 421 929 • T. l. j. 11h-19h.

55 A LOJA
Artisanat

La Française Marie-Gabrielle de Saint-Venant a ouvert une délicieuse boutique mêlant objets poétiques de l'artisanat portugais, trouvailles vintage et curiosités. Assiettes ornées d'hirondelles de Margarida Fernandes, poteries multicolores de l'Alentejo, crème aux amandes Aline (une recette de grand-mère miraculeuse à env. 5 €), icônes religieuses kitsch *(registos)*, robes vintage ou bijoux branchés *made in Lisbon* par Vanessa... on craque !

Rua de São Cristóvão, 3 (E4) • ☎ 915 368 190 • Lun.-sam. 10h30-19h.

VOIR AUSSI :

Conserveira de Lisboa | p. 47 | E4 56

São Vicente et Santa Apolónia (quartier 7 - p. 56)

57 FEIRA DA LADRA
Souvenirs et cadeaux

Vieux vinyles, céramiques, livres poussiéreux, fripes, cartes postales sépia et objets déco kitschissimes éparpillés à même le sol... la « foire à la voleuse » est un vrai bric-à-brac de vieilleries en tout genre qui vaut plus pour l'ambiance que pour la chine. Mais cherchez bien et vous ferez des trouvailles.

Campo de Santa Clara (HP par F3) • ☎ 219 233 919 • Mar. et sam. 9h-18h • Accès libre.

58 PORTA 16
Souvenirs et cadeaux

L'échoppe de ces sept créatrices fourmille de jolis objets artisanaux : tasses à café en céramique à pois (7 €), porte-monnaie de grand-mère tricoté, cartes postales

illustrées à la main, bijoux en terre cuite émaillée... Prix tout doux pour cadeaux mignons et uniques.
Rua de São Vicente, 28 (F3) • ☎ 964 540 428 • www.porta16.blogspot.com • Lun.-ven. 11h-17h, sam. 10h-17h.

59 CERÂMICA DE S. VICENTE
Azulejos

Restauratrice de métier, Cristina Pina décore dans la plus pure tradition azulejos et faïences dans son petit atelier : reproductions fidèles ou inspirations de motifs anciens, beaux plats en faïence bleue et blanche, petits bols, boîtes à bijoux et carreaux dans tous les formats (4-17 €).
Rua de São Vicente, 31 (F3), trams 12E ou 28E, arrêt São Tomé • ☎ 961 800 114 • Lun.-sam. 10h30-18h30 (appeler avant de préférence).

Graça et la Mouraria (quartier 8 - p. 62)

60 A VIDA PORTUGUESA
Souvenirs et cadeaux

Un parfum de *saudade* embaume cette boutique de souvenirs logée dans une ancienne fabrique d'azulejos. Papeterie, cosmétiques, gourmandises, ustensiles de cuisine, jouets en bois ou vêtements, on ne trouve ici que des objets portugais touchants et poétiques, parfois curieux ou kitsch, souvent oubliés et remis sur le devant de la scène, ou issus de la jeune création portugaise. Une autre adresse est située dans le quartier du Chiado (Rua Anchieta, 11 • ☎ 213 465 073 • Lun.-sam. 10h-20h, dim. et j. f. 11h-20h).
Largo do Intendente Pina Manique, 23 (E2), M° Intendente • ☎ 211 974 512 • www.avidaportuguesa.com • T. l. j. 10h30-19h30.

Cais do Sodré et Bica (quartier 9 - p. 66)

61 MEMÓRIAS DO TEMPO
Déco

Dans une belle mise en scène, on y trouve pêle-mêle jouets anciens, instruments marins et scientifiques, affiches de publicité Art nouveau, porcelaines et une myriade de curiosités absolument exquises ! Dans la boutique du n° 63, logée dans une épicerie du XIXe s. avec ses meubles d'origine, sommeille une très belle collection de poupées anciennes (à partir de 50 €).
Calçada do Combro, 63-69 (C4), tram 28E, arrêt Santa Catarina • ☎ 213 423 553 • Lun.-ven. 10h30-13h30 et 15h-19h30, sam. 10h30-13h30 et 15h-18h30.

⑥② STORYTAILORS
Mode femme

João Branco et Luís Sanchez ou la nouvelle génération haute couture avec des créations fantasques...

Calçada do Ferragial, 8 (D5), M° Cais do Sodré • ☎ 213 432 306 • www.storytailors.pt. Mar.-sam. 11h-19h.

VOIR AUSSI :

Loja das Conservas | p. 67 | D5 ⑥③

São Bento et Estrela (quartier 11 - p. 74)

⑥④ CAVALO DE PAU
Déco

On adore cette boutique déco qui mêle vieux meubles industriels, objets anciens, œuvres d'art contemporain et artisanat portugais, africain et indien. Petit aperçu de ce mix étonnant et réussi : cheval à bascule peint, fauteuil de barbier, tapis africain, vieux jouets portugais, gros colliers marocains et casiers d'usine en métal. Petits bibelots à partir de 5 €.

Rua de São Bento, 164 (C4), tram 28E, bus 706 ou 727, arrêt Palácio de São Bento • ☎ 213 966 605 • www.cavalodepau.pt • Lun.-sam. 11h-19h.

Cavalo de Pau

⑥⑤ DEPÓSITO DA MARINHA GRANDE
Arts de la table

Du verre poli, mat, coloré, travaillé... Les deux Depósito da Marinha Grande sont les magasins de la fabrique de Marinha Grande (100 km au nord de Lisbonne) où se perpétue une tradition d'artisans verriers. Dans les deux boutiques, un choix ahurissant d'articles utilitaires ou déco et des prix diablement intéressants : fioles, bougeoirs, vases, services à cocktail (verre à pied style « pointe de diamant » de 4 à 6 €).

Rua de São Bento, 234 et 418 (C3/C4), tram 28E, arrêt Rua de São Bento • ☎ 213 963 096 • www.dmg.com.pt • Lun.-ven. 9h-19h, sam. 9h-13h.

Lapa, Madragoa et Santos (quartier 12 - p. 76)

VOIR :

Santos Design District | p. 79 | C5 (66)

Campo de Ourique (quartier 13 - p. 80)

(67) PAU DE GIZ
Enfants

Chez Pau de Giz, on décore la chambre des enfants avec des couleurs pimpantes. Bien sûr, vous ne repartirez peut-être pas avec un joli berceau en bois fuchsia, mais vous aimerez sûrement l'une de ces boîtes recouvertes de tissu pour ranger les accessoires de bébé ou ces coussins en forme de nuage ou d'étoile (23-34 €). Jetez un œil aux colliers de perles en bois dans de jolies teintes pastel, c'est trop chou !

Rua Coelho da Rocha, 2 (A3), trams 25E ou 28E, arrêt Rua Saraiva de Carvalho • ☎ 918 119 376 • www.paudegiz.pt • Lun. 10h30-18h, mar.-ven. 10h30-19h, sam. 10h30-14h et 15h30-19h (f. à 14h sam. en juil.).

(68) OFICINA À LAPA
Déco

Plusieurs designers se partagent cet atelier pour réaliser de superbes tables en patchwork de bois recyclé (table de chevet 150 €, table ronde 800 €), des chaises vintage « reboostées » à coups de pinceaux, des sardines en bois décoratives, des lampes et des miroirs originaux. Non seulement on fait un geste pour la planète, puisque tout est recyclé, mais on est aussi sûr de repartir avec une pièce unique.

Rua Saraiva de Carvalho, 90 (A3), trams 25E ou 28E, arrêt Rua Saraiva de Carvalho • ☎ 213 978 203 • www.oficinalapa.pt • Lun.-ven. 11h-18h.

(69) ANTIMILK
Enfants

Cette marque portugaise propose des vêtements chic et originaux pour vos bouts de chou. Shorts bouffants en tissu Liberty, tuniques bobos brodées, gilets fins à collerette... tout est décidément craquant et sort de l'ordinaire ! Une bonne petite adresse si vous recherchez des articles confortables et de qualité (robes autour de 40 €). Tailles de 2 à 16 ans.

Rua Francisco Metrass, 83 B (A3), trams 25E ou 28E, arrêt Rua Saraiva de Carvalho • ☎ 213 970 773 • www.antimilk.pt • Lun.-ven. 10h30-19h30, sam. 10h30-18h30.

Alcântara & Santo Amaro (quartier 14 - p. 84)

⑦⓪ LER DEVAGAR
Librairie

Installée dans un entrepôt au sein de la LX Factory (voir p. 85), cette gigantesque librairie est aussi un centre culturel : expos, concerts, danse et pièces de théâtre. Consultez l'agenda !

Rua Rodrigues Faria, 103 (HP par A5), trams 15E ou 18E, arrêt Calvário • ☎ 213 259 992 • www.lerdevagar.com • Lun. 12h-21h, mar.-jeu. 12h-minuit, ven.-sam. 12h-2h, dim. 11-21h.

VOIR AUSSI :

LX Factory | p. 85 | HP par A5

Belém (quartier 15 - p. 88)

⑦① LOJA GALERIA ORIGINAL
Souvenirs et cadeaux

Entre la boutique de souvenirs et la galerie d'art, c'est une mine d'idées cadeaux à tous les prix allant du mug Pessoa au tee-shirt flanqué du tram 28 (taille enfant 15 €), du coq de Barcelos revisité à la broche hirondelle en tissu en passant par les œuvres d'artistes locaux, les bijoux de créateurs et les objets déco de jeunes designers.

Rua de Belém, 80-82 (HP par A5), tram 15E, arrêt Belém • ☎ 213 638 024 • Mar.-dim. 11h-19h30.

Parque das Nações (quartier 17 - p. 102)

VOIR :

Centro Vasco da Gama | p. 103

Inspiration azulejos
NOS MEILLEURES ADRESSES

Une furieuse envie de redécorer la maison ? Pourquoi ne pas repartir de Lisbonne avec quelques-uns de ces jolis carreaux colorés ? Voici nos 3 adresses « top »...

FÁBRICA SANT'ANNA

Azulejos traditionnels faits main. Voir p. 171.

SOLAR

Antiquaire spécialisé dans les azulejos. Voir p. 177.

CERÂMICA DE S. VICENTE

Azulejos décorés à la main par une restauratrice : reproductions, inspirations de motifs anciens...
Voir p. 181.

Solar

Carnet

PRATIQUE

Retrouvez toutes nos adresses localisées sur les cartes et plans grâce à un numéro coloré.

56	35	28
Restos	Bars	Boutiques

Le numéro renvoie à sa notice détaillée dans le chapitre concerné.

QUAND PARTIR ?

Lisbonne est accueillante toute l'année grâce à un **climat océanique tempéré :** jamais vraiment froide en hiver, ni trop chaude en été. Emportez éventuellement un parapluie et surtout des chaussures confortables ! Au printemps et à l'automne, prévoyez une petite laine et un coupe-vent pour le matin et le soir, et en hiver, sachez que sous prétexte qu'il ne fait jamais froid, certains restaurants ou musées ne sont pas chauffés. **Juin,** avec ses fêtes des saints populaires, est le moment idéal pour découvrir des quartiers en liesse. **En décembre,** pour les fêtes de Noël, Lisbonne se pare d'une profusion de décorations, les magasins ouvrent les samedis et dimanches, et les vitrines sont superbes. C'est aussi l'occasion de goûter aux pâtisseries de Noël.

Trouver le meilleur vol

Pour trouver les meilleures offres, consultez les comparateurs de vols :

www.easyvols.fr ; www.liligo.fr ; www.bravofly.fr ; www.sky scanner.fr ; www.vols24.fr ; www.opodo.fr

POUR Y ALLER

EN AVION

De Paris (Paris-Charles-de-Gaulle 2D et Paris-Orly), il existe des vols réguliers quotidiens avec **Air France** et **TAP Portugal.** Ces deux compagnies proposent également des départs à partir de Bordeaux, Lyon, Marseille, Nice et Toulouse. Les offres promotionnelles sont fréquentes, regardez leur site Internet. Des compagnies low cost - **Aigle Azur, Easyjet, Vueling, Ryanair et Transavia** - desservent aussi Lisbonne en vol direct depuis Paris et la province.

DORMIR À LISBONNE

QUEL QUARTIER ?

La **Baixa** est le quartier le plus central et le mieux desservi par les transports en commun. Pour profiter de l'animation nocturne, optez pour le **Bairro Alto, Príncipe Real** ou le **Cais do Sodré.** Le **Castelo** sera idéal pour un séjour de charme à l'abri de l'agitation. Les hôtels des grandes chaînes se concentrent sur l'**avenida da Liberdade.**

Les meilleurs *hostels*

Cosy, modernes et bien décorés, les ***hostels*** sont parfaits pour les petits budgets (petit déjeuner et Internet inclus).

Lisbon Travellers House, rua Augusta, 89 (E4), M° Baixa-Chiado • ☎ 210 115 922 • www.travellershouse.com • Double env. 50 €/pers., dortoir 14-18 €.
The Independente, rua de São Pedro de Alcântara, 81 (D3), M° Restauradores • ☎ 213 461 381 • www.theindependente.pt • Suites 100-125 €/pers., dortoir 18-35 €.
Lisbon Destination Hostel, largo Duque de Cadaval, 17 (Gare du Rossio, 2e étage ; D3-4), M° Restauradores • ☎ 213 466 457 • www.destinationhostels.com • Double 64-90 €, dortoirs (4-10 pers.) 14-23 €.

HÔTEL OU *PENSÃO* ?

La classification officielle distingue l'**hôtel** de 2 à 5 étoiles, le ***residencial*** de 1 à 5 étoiles (hôtel sans restaurant), la ***pensão*** (pension, catégorie la plus basse), l'***hostel*** (voir encadré ci-dessus) et la ***pousada de juventude*** (l'auberge de jeunesse). L'hôtel garantit, en général, des services plus nombreux que la pension (pas de restaurant dans celle-ci mais petit déjeuner souvent compris et accueil plus chaleureux).

RÉSERVATION

Il est préférable de réserver, surtout en haute saison (juin-septembre), pour bénéficier des meilleurs tarifs. Renseignez-vous sur les conditions d'annulation. Pour les réservations de dernière minute, consultez le portail dédié de l'office de tourisme (www.bookinglisboa.com). Sur place, adressez-vous directement à l'office de tourisme (voir p. 193).
Retrouvez notre sélection d'adresses, p. 198.

TARIFS

En fonction de la période de l'année, les prix peuvent doubler (juin-octobre). Vérifiez toujours que les taxes, le service et le petit déjeuner sont inclus. Pour bénéficier du meilleur tarif, consultez en priorité le site de l'hôtel, puis les sites de comparateurs de prix (www.hotels.com ou www.booking.com). Comptez environ 20 € en dortoir, de 40 à 80 € dans une pension ou un hôtel de basse catégorie, de 80 à 150 € pour les catégories supérieures, et au-delà pour les hôtels très chic.

SE DÉPLACER

DE L'AÉROPORT AU CENTRE-VILLE

L'aéroport de Lisbonne est situé au nord de la ville. Trois solutions pour rejoindre le centre-ville :

Le bus

L'**Aerobus** (arrêt devant le hall des arrivées) rejoint le centre-ville (ticket : 3,50 €, vendu à bord) en 30 min environ (arrêts : Entrecampos, Campo Pequeno, República, Saldanha, Picoas, Fontes P. de Melo, Marquês de Pombal, Avenida da Liberdade, Restauradores, Rossio, Comércio, Cais do Sodré). Départ toutes les 20 min de 8h à 23h (toutes les 25 min après 19h) et de 7h40 à 23h du centre-ville vers l'aéroport. Des lignes de bus classiques font aussi la liaison avec le centre-ville, mais n'acceptent pas les valises.

Le métro

La **ligne rouge** (Vermelha) dessert le Terminal 1 de l'aéroport (station Aeroporto) et permet de rejoindre le centre-ville en 30 min (ticket : 1,40 € valable sur tout le réseau métropolitain). Une navette permet de rejoindre la station depuis le Terminal 2.

Le taxi

Les taxis officiels sont noir et vert ou beiges. Assurez-vous que le taximètre fonctionne. Les taxis sont relativement bon marché (12 à 15 € selon l'adresse de votre hôtel, l'heure d'arrivée et le nombre de bagages). Vous pouvez aussi acheter un *táxi voucher*, bon prépayé un peu plus cher, au kiosque Ask Me Lisboa dans le hall des arrivées.

SUR PLACE

Dans le centre de Lisbonne, il est conseillé de circuler à pied et d'utiliser transports en commun et taxis. Une voiture est plus encombrante qu'utile : rues étroites, difficulté de se repérer et de circuler dans certains quartiers (Alfama, Bairro Alto), grande difficulté de stationnement. D'un quartier à l'autre, bus, tramways *(elétricos)* ou funiculaires *(ascensores)* sont les bienvenus car les pentes sont souvent très raides !

Lisboa Card

Disponible à l'office de tourisme, ce **pass** touristique permet de voyager en illimité sur tous les transports publics (métro, bus, tram, funiculaires et train pour Cascais et Sintra) et donne droit à l'entrée gratuite dans 25 musées et monuments, des réductions jusqu'à 50 % sur l'entrée d'autres sites, certains spectacles et circuits touristiques, ainsi que des remises de 5 à 10 % dans certains magasins (tarif : 18,50 € pour 24h, 31,50 € pour 48h et 39 € pour 72h).

www.visitlisboa.com

Bus, tramways, funiculaires

La société Carris gère les bus, les tramways et les funiculaires.

Informations : ☎ 213 500 115 • www.transporteslisboa.pt.

Kiosque Casa da Sorte : praça da Figueira, 1 B (E3-4), ou praça Dom Pedro IV, 19 (E3-4) • T. l. j. 8h-20h.

Kiosque Santo Amaro : rua 1° de Maio, 93 (HP par E1) • Lun.-ven. 9h-17h.

Cais do Sodré : en face de la gare (D5) • Lun.-ven. 8h-20h, sam. et j. f. 9h-18h.

Pensez-y

Formalités

Si vous êtes membre d'un pays de l'Union européenne, une carte d'identité en cours de validité suffira. Pour les citoyens d'autres pays, un passeport valide est exigé, et parfois un visa.

En cas de perte ou de vol de vos papiers, contactez l'ambassade de France (voir encadré p. 192).

Santé

Pensez à vous procurer la **carte européenne d'assurance maladie** (valable 1 an) auprès de votre centre de Sécurité sociale (3 semaines avant le départ). À votre retour, vous aurez droit au remboursement des frais médicaux que vous pourriez engager au Portugal.

Douane

Le Portugal n'effectue qu'un contrôle de routine pour les ressortissants de l'UE. Si vous voulez emmener votre chien ou chat, munissez-vous d'un certificat de vaccination antirabique établi par votre vétérinaire au moins 30 jours avant le passage de la frontière.

Infos douanes françaises • ☎ 0811 20 44 44 - www.douane.gouv.fr

Titres de transport

Les cartes de transport **Viva Viagem** ou **7 Colinas** *(sete colinas)* sont des cartes magnétiques rechargeables permettant de voyager en métro et sur tout le réseau Carris (bus, tramways, funiculaires, Elevador de Santa Justa). Valables 1 an, elles sont en vente (0,50 €) aux machines et guichets du métro, dans les kiosques Carris, les agences PayShop et les bureaux de poste. Il suffit de les charger de voyages individuels (*Bilhete viagem Carris/Metro* 1,40 €), d'un forfait 24h de voyage illimité (*Bilhete diário Carris/Metro* 6 €) ou d'une somme d'argent *(Zapping)*. Avec l'option *Zapping* (valable aussi sur le réseau de ferrys Transtejo), le ticket individuel coûte 1,25 € au lieu de 1,40 €. **Attention,** il faut épuiser une formule de voyage avant de pouvoir en charger une nouvelle. Pour un **voyage occasionnel,** il est possible d'acheter un ticket à l'unité (prévoyez de la monnaie) à bord des bus (1,80 €), tramways (2,85 €) et funiculaires (3,60 € A/R). Mais si vous envisagez au minimum une balade en tramway et en funiculaire dans la même journée, le forfait 24h et les cartes Viva Viagem ou 7 Colinas sont plus rentables.

En métro

Les quatre lignes de métro (t. l. j. 6h30-1h) offrent une excellente couverture de la ville : la **linha Azul** (ligne bleue, Amadora Este/Santa Apolónia), la **linha Amarela** (jaune,

Odivelas/Rato), la **linha Verde** (verte, Telheiras/Cais do Sodré) et la **linha Vermelha** (rouge, São Sebastião/ Aeroporto).

Informations : ☎ 213 500 115
• http://metro.transporteslisboa.pt

En tramway

La montée se fait à l'avant et la descente à l'arrière, n'oubliez pas de sonner pour demander l'arrêt du tramway. Soyez très attentif, des **pickpockets** opèrent régulièrement, en particulier sur les lignes 15E et 28E. En tout, cinq lignes de tramway *(elétricos)* fonctionnent de 6h/7h à 23h/minuit.

12E (Praça Figueira/Praça Figueira) : petite boucle sur les collines du Castelo et de l'Alfama ; **15E (Rua Alfândega/Algés) :** passe par la praça do Comércio, longe les quais jusqu'à Belém ; **18E (Cais do Sodré/Cemitério Ajuda) :** longe les quais comme la 15E jusqu'à Calvário puis bifurque vers le quartier Ajuda au nord de Belém (Palácio de Ajuda) ; **25E (Rua Alfândega/Campo Ourique) :** dessert notamment la praça do Comércio et les quartiers Santos, Lapa et Estrela ; **28E (Martim Moniz/Campo Ourique) :** dessert les quartiers de Graça, de l'Alfama (monastère de São Vicente de Fora, musée des Arts décoratifs, cathédrale Sé), de Baixa, du Chiado (museu do Chiado), du Bairro Alto, de São Bento et d'Estrela (basilique et jardin).

Une adresse à Lisbonne

Une adresse à Lisbonne comprend non seulement un nom de rue et un numéro, mais aussi bien souvent une lettre (A, B, C ou D) ! Palais, demeures historiques et maisons anciennes n'avaient à l'origine qu'un seul numéro. Depuis, ils ont été divisés en logements et en boutiques sans que la numérotation ne soit revue : la lettre permet donc de trouver la bonne porte.

En funiculaire et ascenseur

Les trois **funiculaires** *(ascensores)* et l'**ascenseur** vertical *(elevador)* se révèlent très pratiques pour rejoindre les quartiers hauts de Lisbonne (voir aussi p. 64-65). Ils sont tous accessibles avec les cartes de transport Viva Viagem et 7 Colinas.

- **Ascensor do Lavra :**
Largo da Anunciada (D3), avenida da Liberdade)/rua Câmara Pestana • Lun.-ven. 7h-21h, sam.-dim. et j. f. 9h-21h • 3,60 € A/R.
- **Ascensor da Glória :**
Praça dos Restauradores/São Pedro de Alcântara (D3) • Lun.-ven. 7h-minuit, sam. 8h30-0h30, dim. et j. f. 8h30-0h30 • 3,60 € A/R.
- **Ascensor da Bica :**
Rua de São Paulo (rua Duarte Belo)/ largo de Calhariz (D4-5) • Lun.-sam. 7h-21h, dim. et j. f. 9h-21h • 3,60 € A/R.
- **Elevador de Santa Justa :** accès au Chiado depuis la Baixa.
Rua Áurea (Rua do Ouro)/largo do Carmo (E4) • T. l. j. 7h-22h (23h en été) • 5 € A/R mirador inclus.
- **Elevador do Castelo :** un double

ascenseur classique reliant la Baixa à la Mouraria et au Castelo.
Rua dos Fanqueiros, 170-178/largo Adelino Amaro da Costa, et largo do Chão do Loureiro/Costa do Castelo • T. l. j. 9h-21h • gratuit.

En bus

Les bus circulent de 5h30 à 1h. Le réseau étant dense, il est conseillé de se procurer un plan. La majorité des terminus se situent praça da Figueira (E3-4), praça do Comércio (E5) et Cais do Sodré (D5). Les arrêts *(paragem)* sont indiqués par des panneaux jaunes. Il faut faire signe au chauffeur pour demander l'arrêt du bus. La montée s'effectue à l'avant, la descente à l'arrière. Pensez à bien valider votre carte magnétique. L'itinéraire n'étant pas affiché dans le bus, le chauffeur pourra vous indiquer votre arrêt. Un **service de bus de nuit** (Rede de Madrugada) prend la relève de minuit à 5h. Trois lignes utiles si vous faites la fête sur les *docas* : le 201 (arrêt Alcântara), le 206 et le 210 (arrêt Santa Apolónia) vous amèneront à Cais do Sodré.

En cas d'urgence

• Pompiers, police, ambulance : **☎ 112.**
• Ambassade de France à Lisbonne :
Rua Santos-o-Velho, 5 (B4) • ☎ 213 939 100 • www.ambafrance-pt.org.
• Section consulaire :
☎ 213 939 292 • Lun.-ven. 8h30-12h.
• Police touristique :
☎ 213 421 623.

En taxi

Les taxis sont nombreux et bon marché. Vérifiez bien que le taximètre fonctionne. Stations de taxis au Rossio (E3-4) et largo do Chiado (D4). La prise en charge est de 2 € (2,50 € le soir et week-end). Comptez environ 7 € pour une course dans le centre.
Rádio Táxis de Lisboa : ☎ 218 119 000. Teletáxis : ☎ 218 111 100.

En train

Les trains de banlieue sont pratiques et économiques pour découvrir les environs. Un aller-retour pour Sintra ou Cascais coûte 2,15 €.
• Estação Central do Rossio (D3) : trains pour Queluz et Sintra toutes les 30 min de 6h à 1h.
• Estação Cais do Sodré (D5) : trains pour Cascais (via l'avenida de 24 de Julho, docas de Santo Amaro, Belém, Algés et Estoril) toutes les 20 à 30 min (5h30-1h30).
• Estação de Sete Rios (HP par B1) : trains pour Almada et Setúbal au sud du Tage.
Informations : ☎ 707 210 220 • www.cp.pt.

En bateau

Lisbonne est un port et la vie s'organise encore autour des *cais* (quais) et des *estações fluviais* (embarcadères). Vous pourrez emprunter les *cacilheiros*, des bacs orange et blanc, pour rejoindre **Cacilhas** sur la rive opposée (voir encadré p. 112 ; aller simple : 1,20 €).

Informations générales : ☎ 231 500 115 • http://transtejo.transporteslisboa.pt.

• Estação fluvial Terreiro do Paço (E5) : navettes pour Barreiro.
☎ 218 824 671 • Toutes les 10 à 30 min de 5h45 à 2h.

• Estação fluvial Cais do Sodré (D5) : navettes toutes les 5 à 30 min pour Cacilhas et Seixal.
☎ 210 422 436 • Cacilhas : t. l. j. 5h35-1h40 • Seixal : lun.-ven. 6h35-23h15, sam. 7h30-22h, dim. et j. f. 8h30-21h30.

• Estação fluvial de Belém (HP par A5) : navettes pour Porto Brandão/Trafaria.
☎ 213 646 147 • Toutes les heures de 7h/7h30 à 21h30/22h.

À vélo

Malgré ses collines pentues, ses ruelles étroites et ses pavés glissants, Lisbonne accueille de plus en plus de cyclistes. Pour une balade sans danger, préférez les allées du Parque das Nações ou la piste cyclable (partagée avec les piétons) le long du Tage entre Cais do Sodré et Belém (env. 7 km). Agence de location à Cais do Sodré :
Bike Iberia : largo Corpo Santo, 5 • ☎ 213 470 347 • www.bikeiberia.com • À partir de 14 €/j.

Louer une voiture

Au Portugal, la vitesse est limitée à 50 km/h en ville, 90 km/h sur route, et 120 km/h sur autoroute. Le taux d'alcoolémie autorisé est limité à 0,5 g/l de sang. Les principaux loueurs sont présents à l'aéroport.
Avis : ☎ 800 201 002 • www.avis.com.pt • T. l. j. 7h-22h.
Hertz : ☎ 219 426 300 • www.hertz.pt • Lun.-ven. 8h30-19h.
Europcar : ☎ 219 407 790 • www.europcar.pt • Lun.-ven. 8h30-19h30, sam. 9h-18h.

À VOIR, À FAIRE

OFFICES DE TOURISME

• Ask Me Terreiro do Paço
Praça do Comércio (E5), M° Terreiro do Paço • ☎ 210 312 810 • www.askmelisboa.com • T. l. j. 9h-20h.
Pour la boutique de l'office de tourisme, voir **Lisbon Shop,** p. 164.

• Ask Me Circuitos
Bureau spécialisé dans les circuits de visites.
Terreiro do Paço, 78 (E5) • M° Terreiro do Paço ☎ 910 517 886 • www.askmelisboa.com • T. l. j. 10h-20h.

• Ask Me Palácio Foz
Praça dos Restauradores (D3), M° Restauradores • ☎ 213 463 314 • www.visitportugal.com • T. l. j. 9h-20h.

• Ask Me Regedor
Bureau touristique à destination des jeunes.
Rua Jardim do Regedor, 50 (D3) • ☎ 213 472 134 • T. l. j. 11h-18h.

Vous trouverez également des bureaux touristiques dans les lieux suivants :
Ask Me Lisboa Aéroport
☎ 218 450 660 • T. l. j. 7h-minuit).
Ask Me Lisboa Gare Santa Apolónia
HP par A5 • ☎ 218 821 606 • Mar.-sam. 7h30-9h30.
Kiosque Rossio
Praça D. Pedro IV, E3-4 • ☎ 910 517 914 • T. l. j. 10h-13h et 14h-18h.

Kiosque Belém
Mosteiro do Jerónimos, HP par A5 • ☎ 213 658 435 • Mar.-sam. 10h-13h et 14h-18h.
Kiosque Parque das Nações
Alameda dos Oceanos • T. l. j. 10h-13h et 14h-18h, avr.-sept. 19h.

Les horaires

Les principaux musées et monuments sont en général ouverts du mardi au dimanche de 10h à 18h (16h-17h en hiver), fermés le lundi (et parfois le mar. matin) ainsi que certains jours fériés (1er janv., dim. de Pâques, 1er mai et 25 déc.). Les musées secondaires font en principe une coupure de 1 ou 2h le midi. Les horaires d'ouverture des églises sont beaucoup plus aléatoires. Vous serez souvent confronté à des portes closes. Certaines n'ouvrent que pour les offices, vous devrez donc vous contenter d'un simple coup d'œil.

Les bons plans

Pensez aux **billets combinés** que proposent certains sites pour faire des économies :

- Mosteiro dos Jerónimos + Torre de Belém ou Museu nacional de Arqueologia (12 €) ;
- Mosteiro dos Jerónimos + Torre de Belém + Museu Nacional de Arqueologia (16 €) ;
- Museu Nacional do Traje e da Moda + Museu Nacional do Teatro e da Dança + parc (6 €) ;
- Pass Fundação Gulbenkian comprenant le musée Gulbenkian, le Centro de Arte Moderna et les galeries d'exposition (15 €).

Aussi de nombreuses formules de billets combinés pour les palais et parcs de Sintra.
Rens. : www.parquesdesintra.pt.

VISITES GUIDÉES

En bus à impériale

Yellow Bus Tours
Au départ de la praça da Figueira, deux circuits en bus à ciel ouvert avec audioguide pour découvrir la vieille ville et les bords du Tage. Un circuit est aussi proposé à Belém. Le ticket, valable 24h, comprend l'accès gratuit aux transports Carris et à l'Elevador de Santa Justa.
Rens. : ☎ 213 478 030 • www.yellowbustours.com • Ticket : 16 € (Belém : 9 €).

En tramway

Hills Tramcar Tour
Au départ de la praça do Comércio, ce tramway touristique rouge sillonne les vieux quartiers de Lisbonne avec commentaires audio et système de *hop-on/hop-off*.
Billet valable 24h, juin-sept. 9h30-19h toutes les 25 min, oct.-mai 9h30-17h30 toutes les 30 min • 19 €.

Jours fériés

À part les jours fériés traditionnels (1er janvier, 1er mai, 15 août et 25 décembre), il existe d'autres dates fériées propres au Portugal. Ces jours-là, banques, magasins et la plupart des musées sont fermés : Vendredi saint, 25 avril, 10 juin, 13 juin et 8 décembre.

Lisbonne gratuit

Il est possible de profiter pleinement de Lisbonne tout en dépensant le moins possible. La capitale regorge de musées et l'accès à certains d'entre eux est toujours gratuit (ou presque) : Núcleo Arqueológico, Museu da Guarda Nacional Republicana, Museu Coleção Berardo.

Certains musées et monuments sont gratuits le 1er dimanche du mois, mais parfois très fréquentés : MAAT, Museu do Azulejo, Museu de Arte Antiga, Museu dos Coches, Mosteiro dos Jerónimos, Torre de Belém, Museu Nacional da Arqueologia, Museu do Traje e da Moda, Museu do Teatro e da Dança, Museu Nacional de Arte Contemporânea do Chiado.

D'autres sont gratuits le dimanche (matin ou journée) : Museu de São Roque, Museu Gulbenkian, Centro de Arte Moderna, Museu de Lisboa ou Museu Bordalo Pinheiro.

Enfin, voici d'autres idées de visites qui ne vous coûteront rien : la cathédrale Sé (sf cloître et trésor), la basilique da Estrela et les nombreuses églises de la ville, la Casa do Alentejo, les œuvres d'art en plein air et les jeux d'eau du Parque das Nações, les animations du Mercado Fusão, les shows burlesques de Pensão Amor et les concerts gratuits (on paie juste sa consommation) des bars lounge.

Sachez que l'on peut faire le même parcours avec le tram 28E pour 2,85 € (voir p. 191). Le **Tramcar Tour & Fado** propose le même circuit avec un spectacle de fado (25 €).

Rens. : ☎ 213 478 030 • www.yellowbustours.com

En bateau

Yellow Boat Tour

Mini-croisière sur le Tage pour contempler le pont du 25-Avril et le monument des découvertes.

Rens. : ☎ 213 478 030 • www.yellowbustours.com • Mai.-oct., t. l. j. à 11h, 12h30, 15h, 16h30 et 18h depuis l'embarcadère du Terreiro do Paço • 19 €.

En tuk-tuk

Une balade originale façon Bollywood, en tuk-tuk motorisé à trois roues. Parfait pour se faufiler dans les ruelles escarpées de la ville. De nombreuses compagnies attendent praça do Comércio (E5) et à l'entrée du Castelo (F3-4). Optez pour la version *eco-friendly* avec un tuk-tuk 100 % électrique.

Eco Tuk Tour. : ☎ 914 925 450 • www.ecotuktours.com • Différents circuits de 50 € (1h) à 250 € (5h).

À pied

Lisboa Autêntica

Plusieurs balades commentées de 3h ou 3h30 : Lisbonne essentielle,

Lisbonne du fado, Lisbonne des découvertes, Lisbonne vintage (Alfama, Mouraria), Lisbonne de l'autre rive et Lisbonne du XXIe s.

Rens. : ☎ 913 221 790 • www.lisboa autentica.com • 15, 20 ou 30 €.

Lisbonne Âme & Secrets
Visites guidées en français (env 3h30) et hors des sentiers battus dans les vieux quartiers par des habitants amoureux de leur ville.

Rens. : ☎ 963 967 967 • www.lisbonne-ame-secrets.com • T. l. j. à 10h ou 15h30 sur résa • Visite : 20 €.

En chanson

Le musée du Fado et la Casa Comunitária da Mouraria organisent des visites chantées, en portugais et en anglais (sam. 15h, départ de l'église de la praça Martim Moniz, E5, 10 €) ou en français sur réservation (20 €, ou 10 € au-delà de 4 pers.).

Infos très, très pratiques

Heure locale

Il y a 1h de décalage entre le Portugal et la France : quand il est midi à Paris, il est 11h à Lisbonne.

Tabac

Il est interdit de fumer dans les lieux publics fermés. Les restaurants, bars et discothèques ont le choix et peuvent avoir un espace fumeurs.

Téléphoner

Pour **téléphoner à Lisbonne depuis la France** : 00 351 + numéro de votre correspondant. Pour téléphoner en France depuis Lisbonne : 00 33 + numéro de votre correspondant sans le 0.

Pour **appeler dans Lisbonne**, composez les 9 chiffres du numéro. Vous trouverez des cabines à pièces ou à cartes Portugal Telecom (en vente dans les magasins Telecom, bureaux de postes, kiosques et bureaux de tabac agréés). Si vous avez un téléphone portable débloqué, achetez plutôt une carte SIM d'un opérateur local (TMN, Vodafone ou Optimus). Enfin, évitez de téléphoner de votre hôtel, les prix sont majorés.

Écrire

Les timbres *(selos)* sont en vente dans les bureaux de poste, aux distributeurs et dans les commerces portant le symbole des Correios de Portugal (cheval blanc sur fond rouge) et la mention « *selos* ». Le timbre est à 0,72 € en tarif normal pour l'Union européenne. Les bureaux de poste sont ouverts du lundi au vendredi de 9h à 18h.

Bureau praça dos Restauradores : ☎ 213 261 370 • Lun.-ven. 8h-22h, sam. 9h-18h • Aéroport : ☎ 218 403 083 • Lun.-ven. 9h-20h, sam. 9h-18h, dim. 9h-13h et 14h-17h.

Mouraria : Beco do Rosendo, 8-10 • ☎ 218 885 203 • www.renovaramouraria.pt. Alfama : Museu do Fado • www.museudo fado.pt (voir p. 50).

À vélo

Lisbon Bike Tour

Du Parque Eduardo VII à la Torre de Belém, une balade de 3h30 tout en descente !

Rens. : ☎ 912 272 300 • www.lisbonbiketour.com • Départ t. l. j. à 9h30 sur résa • Visite : 32,50 €.

Street Art Tour

Des quais au centre de Lisbonne, découvrez cet art *underground* à travers les œuvres d'artistes portugais et internationaux.

Largo Duque de Cadaval, 17 (gare du Rossio) • ☎ 914 860 702 • www. lisbondestinationtours.com • Mar. et jeu. 10h, sam. et dim. 14h30, départ de la gare du Rossio, 2e étage • 20,90 €.

ET LE BUDGET ?

Sauf si vous recherchez un hôtel de luxe et des restaurants très à la mode, la vie à Lisbonne n'est pas très chère. Un repas dans un restaurant de catégorie moyenne vous coûtera entre 15 et 25 €/pers. Une entrée dans un musée coûte de 2 à 10 €, un concert de 10 à 35 €, un spectacle de fado (dîner inclus) de 25 à 45 € et l'entrée en club entre 5 et 25 €.

Cartes bancaires

Le Portugal étant un pays de la zone euro, vous pouvez y effectuer vos retraits et paiements par carte aux mêmes conditions tarifaires qu'en France (ils sont donc sans commission pour la plupart des cartes bancaires). Inutile d'emporter des sommes importantes en liquide. Attention, certains commerces et restaurants n'acceptent que les règlements en espèces. Renseignez-vous auprès de votre banque avant de partir pour vous assurer de vos plafonds de retrait et de paiement à l'étranger et connaître les montants hebdomadaires autorisés.

Carte visa premier

À de nombreuses occasions, elle facilitera votre voyage et vous permettra de faire des économies. Par exemple, payer vos billets avec une carte Visa Premier vous permet de bénéficier d'une garantie modification/annulation de voyage. De même, pour votre location de voiture, inutile de prendre l'assurance vol et dommages proposée par le loueur. Conditions et services proposés disponibles dans les notices assurances-assistance sur visa.fr.

Perte ou vol de votre carte

Avant de partir, pensez à noter les 16 chiffres de votre carte bancaire qui vous seront demandés en cas d'opposition.

Visa : ☎ 800 811 824 depuis le Portugal • www.visa.fr • Mastercard : ☎ 800 811 272 depuis le Portugal • www.mastercard.com/fr • American Express : ☎ 00 33 1 47 77 72 00 • www.americanexpress.com.

Nos hôtels PAR QUARTIER

Le Rossio (quartier 2 - p. 30)

LAVRA GUESTHOUSE

Murs blancs, parquet et touches design dans une pension moderne à 5 min du Rossio, dans la rue qui a vu naître Amália Rodrigues.
Calçada Sant'Ana, 198 A (E3), M° Restauradores • ☎ 218 820 000 • www.lavra.pt • De 55 à 69 €, petit déjeuner 5 €.

GAT ROSSIO

Urbain, moderne et trendy, le Gat Rossio compte 71 chambres fonctionnelles à deux pas du Rossio et dispose d'une terrasse pour le petit déjeuner. Wifi gratuit.
Rua Jardim do Regedor, 27-35 (D3), M° Restauradores • ☎ 213 478 300 • hotelgatrossio.com • De 75 à 140 €.

INTERNACIONAL DESIGN HOTEL

Pop, Zen, Tribal ou Urban, chaque étage de cet hôtel tendance a son propre style. Son restaurant, Bastardo (voir p. 118), est tout aussi branché.
Rua da Betesga, 3 (E4), M° Rossio ou Restauradores • ☎ 213 240 990 • www.idesignhotel.com • De 110 à 200 €, petit déjeuner 15 €.

Le Chiado (quartier 3 - p. 34)

MERCY HOTEL

Idéalement situé dans le Chiado, cet hôtel contemporain propose 47 chambres élégantes, certaines avec une vue magnifique sur le vieux Lisbonne, le Castelo ou le Tage.
Rua da Misericórdia 76 (D4), M° Restauradores, puis Ascensor da Glória et bus 758, arrêt Largo Trindade Coelho • ☎ 212 481 480 • www.mercyhotel.com • De 126 à 180 €, petit déjeuner 15 €.

Le Bairro Alto (quartier 4 - p. 38)

ANJO AZUL

Le seul hôtel 100 % gay de Lisbonne est un pied-à-terre idéal pour les fêtards qui souhaitent profiter de l'animation nocturne du Bairro Alto. Chambres assez petites et toutes simples.

Rua Luz Soriano, 75 (D4), tram 28, arrêt Calhariz • ☎ 213 478 069 • www.anjoazul.com • De 40 à 65 €, sans petit déjeuner.

BAIRRO ALTO

Petit hôtel luxueux et cosmopolite mélangeant esprit lounge européen et tradition portugaise. Chambres avec vue sur le Tage ou la place Luís de Camões et divine petite terrasse panoramique.
Praça Luís de Camões, 2 (D4), M° Baixa-Chiado • ☎ 213 408 220 • www.bairroaltohotel.com • De 215 à 430 €.

Príncipe Real (quartier 5 - p. 42)

PENSÃO ALEGRIA

Derrière une façade XIXe s. où fleurissent les géraniums, des chambres coquettes aux couleurs douces et très bien tenues donnant sur la jolie place Alegria. Un *residencial* champion dans sa catégorie.
Praça da Alegria, 12 (D3), M° Avenida • ☎ 213 220 670 • www.alegrianet.com • De 43 à 83 €.

CASA DE SÃO MAMEDE

Petit hôtel à l'élégance classique dans une ancienne demeure de magistrat du XVIIIe s. Les 28 chambres sont très coquettes et l'accueil est familial et sympathique.
Rua da Escola Politécnica, 159 (C3), M° Rato • ☎ 213 963 166 • www.casadesaomamede.pt • De 90 à 100 € (suite 120 €).

De l'Alfama au Castelo (quartier 6 - p. 46)

THE KEEP

L'accès peut être long mais ne manque pas de romantisme. Ce petit hôtel économique est un nid d'aigle noyé dans le lierre et les jacarandas, et offre une vue exceptionnelle. Toilettes et douches communes.
Costa do Castelo, 74 (E3), trams 12E ou 28E, arrêt São Tomé • ☎ 218 854 070 • http://thekeep-lisbon.com • De 40 à 60 €.

Cais do Sodré et Bica (quartier 9 - p. 66)

SANTA CATARINA

Des chambres petit budget à la déco jeune et minimaliste, équipées du strict nécessaire. Bar au rez-de-chaussée avec terrasse.
Rua Dr Luís de Almeida e Albuquerque, 6 (C4/D4), tram 28E, arrêt Santa Catarina • ☎ 213 461 009 • De 43 à 75 €.

LX BOUTIQUE HOTEL

Irrésistible boutique-hôtel aux couleurs de Lisbonne, dont les chambres à thème vous propulsent dans l'univers du Tage, du fado, du Bairro Alto ou des 7 collines. Restaurant de sushis très couru.

Rua do Alecrim, 12 (D5), M° Cais do Sodré • ☎ 213 474 394 • www.lxboutiquehotel.com • De 90 à 100 €, petit déjeuner 15 €.

Du Parque Eduardo VII aux Avenidas (quartier 10 - p. 70)

DOM SANCHO I

Sur l'avenue la plus chère de Lisbonne, vous serez surpris de trouver cet hôtel familial pour un prix défiant toute concurrence. Chambres bien équipées et décorées dans le style rustique portugais.

Avenida da Liberdade, 202 (2e, 3e et 5e étages ; D2), M° Avenida • ☎ 213 513 160 • www.domsancho.com • De 60 à 150 €.

INSPIRA SANTA MARTA HOTEL

Déco chic et contemporaine, chambres feng shui, technologie pour rester connecté, Spa et sauna pour se relaxer. Tous les ingrédients d'une halte urbaine zen.

Rua de Santa Marta, 48 (D2), M° Avenida ou Marquês de Pombal • ☎ 210 440 900 • www.inspirasantamartahotel.com • De 99 à 200 €.

Lapa, Madragoa et Santos (quartier 12 - p. 76)

YORK HOUSE

Noyé dans la végétation et logé dans un ancien couvent du XVIIe s., ce boutique-hôtel est absolument charmant avec ses murs bleu Matisse et son patio à l'ombre des palmiers. Un paradis romantique au sommet d'un vieil escalier en pierre.

Rua das Janelas Verdes, 32 (B5), tram 25E, arrêt Santos-o-Velho • ☎ 213 962 435 • www.yorkhouselisboa.com • De 80 à 250 €, petit déjeuner 15 €.

Campo de Ourique et Amoreiras (quartier 13 - p. 80)

HOTEL DA ESTRELA

Tableaux noirs, pupitres, cartes vintage... Ce petit hôtel de luxe a investi une ancienne école et en a fait son concept. Nostalgie rigolote et déco moderne avec tout le confort attendu.

Rua Saraiva de Carvalho, 35 (B3) • Bus 709, arrêt Jardim da Estrela • ☎ 211 900 100 • www.hoteldaestrela.com • De 105 à 216 €.

Lexique

EXPRESSIONS USUELLES

Assez : *suficiente*
À tout à l'heure : *até já, até logo*
Au revoir : *adeus*
Beaucoup : *muito*
Bonjour : *bom dia* (avant 13h), *boa tarde* (13h-20h), *boa noite* (après 20h)
Excusez-moi : *desculpe-me, com licença*
Je ne comprends pas : *não compreendo, não percebo*
Je vous en prie : *faz favor*
Madame : *a senhora*
Merci : *obrigado/a*
Monsieur : *o senhor*
Non : *não*
Oui : *sim*
Pourquoi ? : *por quê ?*
Rien : *nada*
S'il vous plaît : *faz favor, por favor*

AU RESTAURANT

Addition : *conta*
Assiette : *prato*
Beurre : *manteiga*
Bière : *cerveja*
Bistrot, troquet : *tasca, tasquinha*
Bœuf : *vaca*
Bouteille d'eau / de vin : *garrafa de água / de vinho*
Brasserie : *cervejaria*
Café : *café*
Canard : *pato*
Chocolat : *chocolate*
Couteau : *faca*
Cuillère : *colher*
Déjeuner : *almoço*
Demi-portion : *meia dose*
Dessert : *sobremesa*
Dîner : *jantar*
Eau minérale (avec gaz, sans gaz, fraîche, naturelle) : *água mineral (com gás, sem gás, fresca, natural)*
Fourchette : *garfo*
Fromage : *queijo*
Fruits : *frutas*
Gâteau : *bolo, doce*
Glace : *gelado*
Glaçon (avec ou sans glaçon) : *gelo (com ou sem gelo)*
Hors-d'œuvre : *petiscos*
Huile : *azeite*
Jambon blanc : *fiambre*
Jambon cru : *presunto*
Jus de fruits, d'orange : *sumo de fruta, de laranja*
Lait : *leite*
Menu : *carta, lista*
Menu touristique : *ementa turística*
Morue : *bacalhau*
Pain : *pão*
Parfum (glace) : *sabor do gelado*
Pâtes : *massas*
Petit déjeuner : *pequeno almoço*
Poisson : *peixe*
Salade verte : *alface*
Sel et poivre : *sal e pimenta*
Sucre : *açúcar*
Thé : *chá*
Verre : *copo*
Viande : *carne*
Vin : *vinho*

À L'HÔTEL

Chambre : *quarto*
Lit (à deux places) : *cama (de casal)*
Nuit : *noite*
Réservation : *reserva*
Salle de bains : *casa de banho*

EN VILLE

Argent : *dinheiro*
Banque : *banco*
Boîte aux lettres : *caixa dos correios*
Bus : *autocarro*
Distributeur automatique : *caixa multibanc*
Embarcadères : *estação fluvial*
Métro : *metro*
Poste : *correios*

ais : *cais*
e : *rua*
xi : *táxi*
éphone : *telefone*
nbre-poste : *selo*

SHOPPING

:heter : *comprar*
gent (matière) : *prata*
on marché : *barato*
ague(s) : *anel (anéis)*
joux : *jóias*
jouterie : *ourivesaria*
ottes : *botas*
oucle d'oreille : *brinco*
outique : *loja*
racelet : *bracelete, pulseira*
roderie : *bordado*
aisse : *caixa*
einture : *cinto*
hapeau : *chapéu*
haussettes : *meias*
haussures : *sapatos*
hemise/chemisier : *camisa*
Cher (trop cher) : *caro (demasiado caro)*
Combien est-ce ? : *quanto custa ?*
Costume : *vestido*
Coton : *algodão*
Cravate : *gravata*
Cuir : *couro*
Dessin, motif : *desenho, motivo*
Disque : *disco*
Drap(s) : *lençol (lençóis)*
Écharpe : *cachecol, xale*
Essayer (un vêtement) : *experimentar (uma peça de roupa)*
Étiquette : *etiqueta*
Fermé : *fechado*
Gants : *luvas*
Jouet : *brinquedo*
Jupe : *saia*
Laine : *lã*
Lingerie : *lingerie, roupa interior*
Livraison : *entrega*
Livre : *livro*
Manteau : *casaco*
Marché : *mercado*
Mode : *moda*
Mouchoir : *lenço de assoar*
Nappe : *toalha de mesa*
Or : *ouro*
Ourlet : *bainha*
Ouvert : *aberto*
Pantalon : *calças*
Payer : *pagar*
Peau, cuir : *pele, couro*
Pointure : *tamanho, medida do calçado*
Portefeuille : *carteira*
Prix : *preço*
Pull : *camisola*
Qualité : *qualidade*
Rabais : *desconto*
Retouche : *retoque de um vestido*
Robe : *vestido*
Sac : *carteira*
Soie : *seda*
Solide : *resistente*
Soutien-gorge : *soutien*
Semelle : *palmilha*
Talon : *calcanhar*
Taille : *tamanho*
Velours : *veludo*
Veste : *casaco*

Mots clés

CRÉDIT PHOTOGRAPHIQUE

érieur :

trice Hauser p. 7 (b.), p. 10, p. 11 (ht g., d.), p. 12 (b. g.), p. 13 (d., ht g.), p. 14, p. 15, p. 17 (b.), p. 21, 22, p. 25, p. 26, p. 31, p. 39, p. 44, p. 55, p. 57, p. 68, p. 69, p. 78 (ht, b.), p. 82, p. 87, p. 89, p. 113, 17, p. 119, p. 124, p. 132, p. 135, p. 139, p. 154, p. 161 (d.), p. 166, p. 168, p. 169, p. 170, p. 173, p. 179, 82, p. 201.

tasha Penot p. 13 (b. g.), p. 67, p. 81, p. 115 (d., g.), p. 131, p. 141 (g., d.), p. 145, p. 151, p. 153, p. 161, 163, p. 178, p. 180.

rôme Plon p. 9 (b.), p. 19, p. 45, p. 47, p. 48, p. 49, p. 53, p. 85, p. 86, p. 92, p. 97 (ht, b.), p. 103, 104, p. 105, p. 125, p. 134, p. 148, p. 150, p. 156, p. 165, p. 172, p. 177, p. 185.

émis Hervé Hugues p. 7 (ht), Bruno et Tuul Morandi p. 43, Maurizio Borgese p. 59, on Arnold Images p. 101.

hutterstock ESB Professional p. 1, Dennis van de Water p. 2, vidalgo p. 4, Karol Kozlowski p. 5, ashamba p. 6 (b), Chris Lawrence Travel p. 6 (ht), Neirfy p. 7 (c), Andre Goncalves p. 8 (b.), hilip Lange p. 8 (ht), somor p. 8 (c.), Oleg Kozlov p. 9 (ht), saranya33 p. 9 (c.), J2R p. 11 (g. b.), tockPhotosArt p. 12 (d.), Sean Pavone p. 16, PirahaPhotos p 17 (ht), Irina Sen (p. 23), Vojtek Chmielewski p. 27, Gustavo Frazao p. 29, Pack-Shot p. 32, jiawangkun p. 33, rtur Bogacki p. 35, Mauro Rodrigues p. 37, Pamela Loreto Perez p. 41, Pedrosala p. 50, Neirfy p. 51, Vaclav Mach p. 52, Javarman p. 61, Steve Photography p. 65, John Copland p. 73, Giancana p. 77, Christopher Poe p. 90, pinggr p. 95 (ht), Ruigsantos p. 99, INTERPIXELS p. 108, Luis Santos p. 111.

Hachette p. 94

Nous adressons nos remerciements aux établissements suivants pour leur aide précieuse :
© Casa-Museu Medeiros e Almeida : p. 12 (g. ht). © Cafe de São Bento : p. 75.
Cevicheria © Francisco Rivotti : p. 126. © 1300Taberna : p. 137.
Ministerium Club © Rui Soares : p. 143.

Couverture : © Shutterstock / Serguey Didenko (ht), © Jérôme Plon (b. et plat 4).

Dernière édition revue et enrichie par **Natasha Penot**.
Éditions antérieures revues et augmentées par Bertrand Lauzanne et Natasha Penot.
Édition originale établie par Sarah de Haro avec Catherine Laughton.
Ont également collaboré à cet ouvrage : Mélanie Rebillaud, Vanessa François et Juliana Miass
Cartographie : Frédéric Clémençon et Aurélie Huot.
Conception graphique de la couverture et de la maquette intérieure : Caroline Joubert (www.atelier-du-livre.fr).
Mise en pages intérieure : Chrystel Arnould.
Contact presse : rmazef@hachette-livre.fr - ☎ 01 43 92 36 66.
Contact publicité : vhabert@hachette-livre.fr - ☎ 01 43 92 32 52.
Écrivez-nous : weekend@hachette-livre.fr

Aussi soigneusement qu'il ait été établi, ce guide n'est pas à l'abri des changements de dernière heure, des erreurs ou omissions. Ne manquez pas de nous faire part de vos remarques. Informez-nous aussi de vos découvertes personnelles, nous accordons la plus grande importance au courrier de nos lecteurs :
Guides Un grand week-end - Hachette Tourisme 58, rue Jean-Bleuzen, 92170 Vanves.
Facebook @GuidesUnGrandWeekend • Twitter & Instagram @ungrandweekend

Édité par Hachette Livre (58, rue Jean-Bleuzen, CS 70007, 92178 Vanves Cedex)
Imprimé par Polygraf (Capajevova 44, 08199 Presov, Slovaquie)
Achevé d'imprimer : janvier 2017
ISBN : 978-2-01-396131-8 - 82-9616-3
Dépôt légal : janvier 2017 - Collection n°44 - Édition : 01